L'ABC
DE L'IA

PHILIPPE ALLARD

DÉDICACE

A mes filles Marie et Claire, curieuses vis-à-vis de l'IA et prêtes aux expérimentations !
A Pascale C. que l'IA rend anxieuse (et qui devrait prendre ses médicaments).

TABLE DES MATIÈRES

Adoption   1

Agent conversationnel   1

Algorithme   2

Agrégation de contenu   2

AIVA   2

Androïde   2

Annie   3

Anxiété   3

API   3

Apprentissage automatique   4

Apprentissage en continu   4

Apprentissage en ligne   4

Apprentissage en ligne   4

Apprentissage fédéré   5

Apprentissage machine   5

Apprentissage non supervisé   5

Apprentissage par renforcement   5

Apprentissage profond   5

Apprentissage semi-supervisé   6

Apprentissage supervisé   6

Armement   6

Art numérique   7

Arts visuels   7

Artbreeder   8

Artistes numériques   8

Assistant virtuel   9

Audio (reconnaissance)   10

AutoGPT   10

Avantages   10

Avatar   10

Biais   11

Biais algorithmique   11

Biais cognitifs   12

Biais de sélection   12

Biais de traitement 12

Big Data 12

Bing Chat 12

Bing Fact Check 13

Bing Image Creator 13

Bruit 13

Buffet (Warren) 13

Business Plan 14

Calligraphie 15

Canulars 15

Chat 15

Chatbot 16

ChatGPT 16

ChatGPT (coût de) 16

ChatGPT (extensions Chrome pour) 17

ChatGPT (limites) 17

Chatsonic 17

ChaosGPT 17

Cinéma 18

Cinéma (films) 18

Citations (fausses) 18

Codage 19

Cognition artificielle 19

Contenu (agrégation de) 19

Contenu (curation de) 19

Contenu (génération de) 20

Contenus (fermes à) 20

Contrôle 20

Cuisine (recettes de) 21

Curriculum vitae 22

Cyberattaque 22

Cybersécurité 22

Cyborg 23

DALL-E 24

Data mining 24

Décision automatisée 25

Deep Dream Generator 25

Deepfake 25
Deep learning 25
Désinformation 25
Devoirs scolaires 26
Dialogues 27
Domaines d'application 27
Données 28
Données (génération de) 28
Données (systèmes de traitement de) 28
Données massives 29
Drone 29
Emploi 30
Enseignement 31
Entrepreneurs 31
Environnement 31
Erreur 31
Éthique 32
Evernote 32
Fact checking 33
Fake news 33
Fausses informations 33
Feedly 34
Fiabilité 34
Flipboard 34
GAN 35
Gates (Bill) 35
GPT 36
GPT-3.5 36
GPT-4 36
Google 37
Google Bard 37
Guerre 37
Handicap 38
Hawking (Stephen) 38
Hésitation 39
Heuristique 39
Hoax 40

Humain augmenté   40
Idées   41
Image-to-image   41
Imagerie médicale   41
Images IA (détection d')   42
Inconvénients   42
Inspiration   42
Instructions   43
Intelligence   43
Intelligence artificielle   43
Intelligence artificielle (génération d')   44
Intelligence artificielle éthique   44
Intelligence artificielle faible ou étroite   44
Intelligence artificielle forte   45
Intelligence artificielle générale   45
Intelligence artificielle généralisée   45
Intelligence artificielle générative   45
Interface homme-machine   45
Internet des objets   45
Intoxication   46
Jasper   47
Jeux vidéo   47
Journalisme   48
K-means   50
Langage (modèle de)   51
Langage naturel   52
Langage naturel (traitement automatique du)   52
Langage probabiliste   52
Langue écrite (qualité de la)   53
Langues   53
Lensa   54
Livres   54
Livres (écriture de)   55
Logique floue   56
Logo   56
Lumen5   56
Machine learning   58

McCarthy (John)   58
Métiers   58
Midjourney   59
Minsky (Marvin)   59
Modèle prédictif   60
Modèles génératifs adversaires   60
Monopole   60
Musique   62
Musk (Elon)   62
Neurons (réseau de)   64
Neurones artificiels (réseau de)   64
Neurones convolutifs (réseau de)   65
Neurones profonds (réseau de)   65
Newsbots   66
Ng (Andrew)   66
Notion   66
Observatoire   67
Offensant (contenu)   68
Open data   69
OpenAI   69
Outils IA   69
Paraphrase   71
Parole (reconnaissance de la)   71
Parole (systèmes de traitement de la)   71
Pause   71
Payant   72
Pénibilité   73
Persona   73
Peur   73
Photographie   73
Photographiques (apps)   74
Pile   75
Piratage   75
Plagiat   75
Plan d'affaires   75
Plan de cours   76
Plasticité synaptique   76

Plateforme de développement d'IA 76

Poésie 77

Pratchett (Terry) 77

Prédiction 77

Préjugés 78

Présentateur 78

Présentation 78

Prise de décision automatisée 78

Productivité 78

Progrès 79

Projet (gestion de) 80

Prompt 81

Prompt (art du prompt) 81

Prompt engineer 82

Prompt engineering 83

Promptologue 83

Promptologie 83

Prompts (générateurs de) 83

Question 85

Quiz 85

Réalité virtuelle 86

Recommandation (systèmes de) 86

Reconnaissance audio 87

Reconnaissance de la parole 87

Reconnaissance de formes 87

Reconnaissance de la voix 87

Reconnaissance faciale 87

Référencement naturel 88

Régularisation 88

Régulation 89

Répétition 89

Réponse 90

Réponse (refus de) 90

Requête 90

Réseaux sociaux 90

Résumé 91

Risques 91

Robot 92

Robotique 92

Santé 93

Santé mentale 94

Scénario 94

SEO 95

Sécurité 95

Séries TV 96

Slogans 96

Sous-titrage 97

Spamming 97

Stable Division 97

Stéréotypes 97

Stochastiques (processus) 98

Stress 99

Style 99

Synthèse 99

Systèmes de recommandation 99

Systèmes de traitement de données 100

Text-to 101

Texte (Génération de) 102

Texte (Synthèse de) 102

Textes IA 103

Traduction 103

Transcription 104

Transhumanisme 104

Travail (marché du) 105

Turing (Alan) 105

Turing (test) 105

Utilisateurs 107

Vidéo 108

Vie privée 108

Vision par ordinateur 108

Visualisation de données 109

Voix (reconnaissance de la) 109

Voyage 109

Vulnérabilité 109

Web sémantique 111
Woke 111
XAI 113
Zététique 115

INTRODUCTION

L'Intelligence Artificielle, ou IA, est de plus en plus souvent mentionnée dans les médias et dans notre quotidien. Mais il peut être difficile de comprendre ce que cela signifie concrètement, et encore plus de s'y retrouver parmi les termes techniques et les concepts complexes. C'est pourquoi j'ai décidé de créer cet abécédaire, dans lequel je tenterai de vous expliquer de manière simple et accessible les notions clés de l'IA.

En tant qu'ancien journaliste professionnel vulgarisateur, j'ai à cœur de rendre ces sujets difficiles compréhensibles par tous. Pour chaque item devraient figurer une définition, des informations ou réflexions sur les avantages, inconvénients et risques ainsi que la mention d'outils. En grasses figurent les termes qui sont détaillés ailleurs dans cet abécédaire.

Ce projet a été enrichi par une veille constante des dernières publications et des échanges avec des experts. J'ai également utilisé des outils tels que ChatGPT et Bing Chat pour m'assister dans cette tâche, mais j'ai toujours veillé à superviser et à réécrire le contenu pour garantir sa fiabilité. Il aurait été dommage de se passer de ces outils !

A

Adoption

L'adoption technologique est le processus par lequel une innovation technologique est acceptée et utilisée par les utilisateurs finaux. L'adoption d'une technologie peut être considérée comme réussie lorsque les utilisateurs visés l'ont intégrée avec succès et l'utilisent à son plein potentiel.

Le modèle sociologique de l'adoption des technologies décrit l'adoption ou l'acceptation d'une nouvelle innovation par certains groupes d'adoptants définis : innovateurs, adoptants précoces, majorité précoce, majorité tardive et retardataires.

L'adoption de l'IA est en croissance rapide dans les entreprises pour favoriser l'engagement et la relation client. Elle permet en effet une plus grande personnalisation, avec des services et offres adaptés aux préférences du client. Cependant, subsistent des freins à l'adoption de l'IA tels que la résistance au changement et la peur de perdre son **emploi**.

Agent conversationnel

Un agent conversationnel ou *chatbo*t (ou encore bot conversationnel) est un programme informatique conçu pour tenir une conversation avec un humain, que ce soit à l'oral ou à l'écrit. Il peut répondre à des questions spécifiques - dans les limites de leur usage - ou collecter des informations selon ses fonctionnalités.

Ces agents conversationnel adoptent souvent une interface familière puisque reprenant les codes des applications de messagerie, telles que Facebook Messenger ou WhatsApp

Algorithme

Un algorithme est une procédure, une méthode ou un processus défini de manière précise et ordonnée pour résoudre un problème ou effectuer une tâche spécifique. Cette série d'instructions doit être effectuée dans un ordre précis pour obtenir le résultat souhaité.

Les algorithmes sont utilisés dans de nombreux domaines, tels que les mathématiques, l'informatique, la physique, la biologie,...

Agrégation de contenu

L'agrégation de contenu est un processus qui consiste à rassembler, sélectionner et publier des informations sur un sujet donné à partir de différentes sources.

Cette pratique est couramment utilisée pour créer des plateformes en ligne, des blogs et des pages de médias sociaux. Les agrégateurs de contenu extraient des mots-clés à partir de sites web pour créer des tableaux de bord permettant aux utilisateurs d'accéder à des contenus provenant de diverses sources.

L'agrégation web est l'un des modèles de la **curation de contenu**, qui répond aux besoins des internautes en regroupant, sélectionnant et validant des pages concernant un sujet précis, puis en les présentant de manière structurée et organisée sur une page web ou un outil dédié.

Plusieurs outils basés sur l'IA comme **Feedly** ou **Flipboard** permettent ou favorisent l'agrégation de contenus en fonction des préférences de l'utilisateur. Ces outils peuvent donc aider les utilisateurs à trier et à trouver des informations pertinentes plus rapidement et plus efficacement.

AIVA

AIVA (Artificial Intelligence Virtual Artist) est un système d'IA qui compose de la **musique** à partir de l'analyse de milliers de partitions classiques. Il utilise des réseaux neuronaux pour apprendre les styles et les règles des grands compositeurs, et génère ensuite des mélodies originales adaptées à différents genres et émotions. AIVA est le premier compositeur virtuel à être reconnu par la SACEM, la société des auteurs, compositeurs et éditeurs de musique (France).

Androïde

Les androïdes sont des **robots** humanoïdes. Ils peuvent être équipés d'IA pour leur permettre de simuler le comportement et les capacités cognitives des êtres humains. L'IA peut ainsi permettre aux androïdes de prendre des décisions, de s'adapter à leur environnement et d'interagir avec les humains de manière plus naturelle et fluide.

Cette technologie peut s'avérer particulièrement utile dans des domaines tels que la **robotique** de service, où les androïdes peuvent être sollicités pour aider les humains dans des tâches telles que les soins aux personnes âgées ou les travaux de maintenance.

L'utilisation de robots équipés d'IA soulève également des questions **éthiques** et de **sécurité**, qui doivent être abordées de manière responsable.

Annie

Annie est une application qui donne un visage et une voix à ChatGPT. Elle permet donc aux utilisateurs de discuter avec ChatGPT par écrit ou par vidéo. Cette application peut être utilisée pour le divertissement, l'éducation ou la thérapie, mais aussi détournée à des fins de manipulation, de désinformation ou de harcèlement.

Anxiété

L'utilisation des outils d'IA peut être anxiogène pour certaines personnes. À l'origine, la peur de l'inconnu ou la crainte que les machines prennent le contrôle.

Mais l'IA peut également être utilisée pour aider les gens à surmonter leur anxiété. Il existe donc des applications qui utilisent l'IA pour aider les personnes atteintes de troubles anxieux à gérer leur état émotionnel. Par exemple, MePheSTO est un outil d'IA qui utilise les technologies de l'analyse vidéo, de la voix, du langage et du discours pour affiner l'évaluation des troubles psychiatriques et même les détecter précocement. L'idée est de se baser sur l'intelligence artificielle pour identifier et classifier des phénotypes numériques objectifs et mesurables de ces troubles.

API

L'expression API (*Application Programming Interface*) se traduit par interface de programmation d'application. Cette interface connecte des logiciels, des services et des applications aux environnements différents afin qu'ils puissent combiner leurs données. Ce programme permet ainsi à deux applications distinctes de communiquer entre elles et d'échanger des données.

Il existe plusieurs types d'API. Les API SOAP (*Simple Object Access Protocol*) et les API REST (*Representational State Transfer*) sont les deux types d'API les plus courants. On distingue aussi les API ouvertes (ou *Open API*) disponibles publiquement sans restriction et les API partenaires accessibles via une licence ou des droits d'accès spécifiques. Les API privées, connues sous le nom de *enterprise API*, sont sécurisées et disposent d'une clé d'identification fournie par un service d'authentification et d'autorisation.

Apprentissage automatique

L'apprentissage automatique est une méthode utilisée pour enseigner aux machines comment effectuer certaines tâches à l'aide de données et d'algorithmes. Ces algorithmes d'apprentissage automatique peuvent s'améliorer avec le temps, ce qui permet de créer des modèles prédictifs plus précis et efficaces.

Apprentissage en continu

Les systèmes d'IA basés sur l'**apprentissage automatique** ou **profond** ont tendance à oublier ce qu'ils ont appris précédemment lorsqu'ils sont exposés à de nouvelles données. L'apprentissage en continu pour une IA est la capacité d'apprendre de nouvelles informations sans oublier les anciennes (cf. **Interférence catastrophique**). Ce domaine de recherche est important pour améliorer les performances et la robustesse des IA.

Il existe différentes techniques pour permettre aux IA d'apprendre sans oublier, comme la régularisation, la répétition, la génération de données, la mémoire externe ou la plasticité synaptique.

Apprentissage en ligne

L'apprentissage en ligne pour une IA est une forme d'**apprentissage automatique** qui consiste à adapter le modèle d'IA aux données qui arrivent en continu. L'apprentissage en ligne permet au modèle de réagir aux changements de l'environnement et de s'améliorer au fil du temps sans avoir besoin de réentraîner le modèle sur l'ensemble des données.

L'apprentissage en ligne peut être mis en œuvre de différentes manières, comme l'**apprentissage par renforcemen**t ou l'apprentissage incrémental, qui met à jour le modèle à chaque nouvelle donnée sans oublier les anciennes.

Apprentissage en ligne

L'apprentissage en ligne pour une IA est une forme d'apprentissage automatique qui consiste à adapter le modèle d'IA aux données qui arrivent en continu. L'apprentissage en ligne permet au modèle de réagir aux changements de l'environnement et de s'améliorer au fil du temps sans avoir besoin de réentraîner le modèle sur l'ensemble des **données**.

L'apprentissage en ligne peut être mis en œuvre de différentes manières, comme l'**apprentissage par renforcement**, qui utilise un système de récompenses et de pénalités pour guider le modèle vers un objectif, ou l'apprentissage incrémental, qui met à jour le modèle à chaque nouvelle donnée sans oublier les anciennes.

Apprentissage fédéré

L'apprentissage fédéré est une méthode d'apprentissage automatique où les données sont stockées sur des appareils individuels et l'algorithme est exécuté localement sur chaque appareil, plutôt que de les centraliser sur un seul serveur.

Apprentissage machine

Le *machine learning* (ou apprentissage machine ou automatique) est une méthode qui permet aux **algorithmes** de découvrir des motifs récurrents dans les ensembles de données. Il existe quatre types fondamentaux d'algorithmes d'apprentissage automatique : supervisé, semi-supervisé, non supervisé et par renforcement. Chacun de ces types est utilisé pour des problèmes différents, tels que la classification, la régression, la segmentation et la détection d'anomalies.

Lorsqu'il s'agit d'apprendre, l'humain a besoin d'exemples, et c'est également le cas pour les machines. Pour permettre à une machine d'apprendre à partir de données, il existe différents types d'apprentissage machine. Certains impliquent une intervention humaine, tels que l'apprentissage supervisé ou l'apprentissage humain en boucle.

Apprentissage non supervisé

L'apprentissage non supervisé est une méthode d'**apprentissage automatique** (autonome) où le modèle est entraîné sur des données qui ne sont pas étiquetées. L'**algorithme** doit alors trouver des structures dans les données et les regrouper en fonction de leur similarité. Cette méthode est utilisée pour la segmentation et la détection d'anomalies.

Apprentissage par renforcement

L'apprentissage par renforcement est une méthode d'**apprentissage automatique** (autonome) où le modèle apprend à prendre des décisions dans un environnement en lui donnant des récompenses et des punitions (pénalités). Il est donc utilisé pour l'apprentissage interactif.

Apprentissage profond

Le *deep learning* ou apprentissage profond utilise des **réseaux de neurones artificiels** pour résoudre des problèmes complexes en apprenant à partir de données. Le *deep learning* est utilisé dans divers domaines tels que la **reconnaissance d'images**, la **reconnaissance vocale**, la **traduction automatique** et la **prédiction**.

Apprentissage semi-supervisé

L'apprentissage semi-supervisé est utilisé lorsque les données d'entraînement sont insuffisantes pour résoudre des problèmes de classification et de régression.

Apprentissage supervisé

L'apprentissage supervisé nécessite une intervention humaine, car il utilise des données d'entraînement avec leur correspondance pour résoudre des problèmes de classification et de régression.

Armement

Les armes autonomes sont des systèmes d'armes qui peuvent fonctionner sans intervention humaine. L'utilisation de la force par des systèmes d'armes autonomes repose notamment sur les technologies de l'intelligence artificielle pour analyser des données acquises par des capteurs. Ceux-ci mesurent le poids, la signature thermique ou la manière de se mouvoir.

Par exemple, des sous-marins rôdeurs utilisés pour des missions clandestines sont développés par la Chine et les États-Unis. Les missiles qui utilisent l'IA sont des missiles autonomes ou semi-autonomes qui peuvent se diriger vers leur cible sans intervention humaine après le lancement. Ils peuvent être utilisés pour attaquer des systèmes névralgiques dans des guerres cybernétiques ou pour rechercher et engager automatiquement des cibles fixes ou mobiles de tous types. Il n'existerait pas encore de missiles totalement autonomes qui peuvent prendre des décisions complètement seuls.

L'utilisation de **drones** militaires équipés d'intelligence artificielle est une tendance croissante dans les armées modernes. Les drones et robots IA sont alimentés en données par l'homme ou grâce à leur mise en réseau, ce qui permet la programmation du jeu de guerre et donne une supériorité tactique et stratégique aux drones et robots IA. Boeing a ainsi développé un drone de combat piloté par IA appelé *Loyal Wingman* qui peut voler aux côtés d'un avion de chasse pour étendre son rayon d'action. L'utilisation de drones militaires équipés d'IA soulève également des préoccupations **éthiques** et juridiques en matière de **sécurité** et de protection des données.

Il en va de même, plus largement, lorsqu'il est question de **robots** tueurs, des systèmes d'armes létales autonomes qui peuvent détecter, identifier, sélectionner et attaquer une cible de manière totalement autonome, c'est-à-dire sans aucun contrôle humain. Ils sont considérés comme une menace pour les droits humains et le droit international humanitaire. Certains pays, comme la Belgique, appellent à leur interdiction, tandis que d'autres, comme la France, les autorisent sous certaines conditions.

Art numérique

L'art numérique est un art créé à l'aide de technologies numériques telles que les ordinateurs, les tablettes et les smartphones. Il offre de multiples moyens et styles que les artistes peuvent utiliser pour s'exprimer, de la photographie numérique, des graphiques informatiques et de l'art pixelisé aux médiums plus expérimentaux tels que l'art généré par l'IA et l'art en **réalité augmentée**. L'IA a permis aux artistes d'explorer de nouvelles formes d'expression artistique et de créer des œuvres d'art uniques qui n'étaient pas possibles auparavant.

L'utilisation de l'IA dans la création d'art peut offrir plusieurs avantages. Par exemple, l'IA peut aider les artistes à créer des œuvres plus rapidement et plus efficacement. De plus, l'IA peut les amener à explorer de nouvelles idées et à créer des œuvres qu'ils n'auraient peut-être pas envisagées autrement. Enfin, l'utilisation de l'IA peut aider à élargir la portée de l'art en permettant aux artistes de créer des œuvres qui peuvent être partagées et appréciées par un public plus large.

Cependant, il y a plusieurs inconvénients potentiels à l'utilisation de l'IA dans la création d'art. Par exemple, certains critiques affirment que l'utilisation de l'IA peut rendre l'art trop prévisible et souffrir d'un manque de créativité humaine. De plus, certains artistes peuvent être préoccupés par le fait que l'utilisation de l'IA pourrait rendre leur travail moins authentique ou moins personnel.

Les artistes peuvent surmonter certains des inconvénients de l'utilisation de l'IA en utilisant l'IA comme un outil plutôt qu'en la considérant comme un remplacement pour leur propre créativité. Par exemple, ils peuvent utiliser des programmes d'IA pour générer des idées ou des esquisses préliminaires, puis travailler à partir de là pour créer une œuvre plus complexe et plus personnelle. Certains artistes choisissent d'utiliser l'IA comme un moyen de créer des œuvres qui ne seraient pas possibles autrement, plutôt que de simplement remplacer leur propre créativité.

On connaît divers exemples d'utilisation de l'IA dans la création d'art. Par exemple, certains artistes utilisent des programmes d'IA pour créer des sculptures et des installations artistiques. D'autres ont recours à l'IA pour créer des œuvres interactives qui répondent aux mouvements et aux actions des spectateurs. Certains artistes utilisent l'IA pour créer des œuvres qui sont basées sur des données en temps réel, telles que la météo ou les tendances des médias sociaux.

Arts visuels

Les arts visuels sont les arts qui produisent des objets perçus essentiellement par l'œil. Ils regroupent toutes les activités artistiques qui produisent des œuvres bidimensionnelles, tridimensionnelles et virtuelles. Les arts visuels comprennent les arts bidimensionnels et tridimensionnels, par exemple les arts décoratifs, le dessin, la conception graphique, la peinture, la photographie, la gravure et la sculpture.

Le terme arts visuels englobe ainsi plusieurs formes d'art différentes, y compris les beaux-arts, tels que le dessin, la peinture, la **photographie** et la sculpture, ainsi que l'artisanat, comme la vannerie, la céramique, les textiles et les bijoux

Les arts visuels et l'IA s'associent de plus en plus. De nombreux générateurs d'images par IA permettent de créer des œuvres originales à partir de mots ou de photos.

Certains artistes utilisent l'IA comme source d'inspiration ou comme moyen de détourner les codes visuels. Le recours à l'IA pose des questions sur la nature et la valeur de l'art, ainsi que sur le rôle de l'**artiste**.

Artbreeder

Créé par Joel Simon, un artiste et chercheur en informatique, Artbreeder est un service en ligne qui utilise le traitement du langage naturel et la vision par ordinateur pour générer des **image**s de différentes catégories, telles que des portraits, des paysages, des animés, etc. Il permet également aux utilisateurs de modifier des images, d'en mélanger et d'en combiner pour créer de nouvelles images.

Artistes numériques

Parmi ces auteurs d'œuvres d'art générées par l'IA, citons le Polonais Roman Lipski utilise des intelligences artificielles pour générer des images à partir d'une description qu'il leur soumet. Ce pionnier de l'art quantique a vu ses œuvres exposées dans de nombreux musées du monde entier, comme le Nagoya/Boston Museum of Fine Arts au Japon, le National Art Museum of China ou le Elgiz Museum of Contemporary Art à Istanbul. Elles ont suscité des réactions variées, allant de l'admiration à la perplexité

Harold Cohen, un artiste et professeur britannique, est le créateur du programme informatique AARON capable de générer des dessins originaux à partir de règles et de formes définies par Cohen. Initialement, AARON ne faisait que des dessins en noir et blanc, avec des formes simples et symboliques. Il a ensuite appris à utiliser des couleurs, à représenter des figures humaines et animales, et à créer des paysages et des scènes plus élaborées. AARON a été exposé dans plusieurs musées et galeries du monde entier.

Jason Allen, un concepteur américain de **jeux vidéo** a également un concours d'art numérique aux États-Unis sur le thème du Colorado avec une illustration générée par l'intelligence artificielle **Midjourney**. Les œuvres proposées ont suscité des réactions mitigées de la part des autres participants et du public. Certains ont félicité son originalité et sa créativité, tandis que d'autres ont remis en question la légitimité de son travail et l'ont accusé de tricher ou de plagier. Jason Allen a défendu son choix en affirmant qu'il voulait montrer le potentiel de l'IA comme outil artistique et qu'il avait passé beaucoup de temps à sélectionner et à retoucher les images produites par Midjourney. Parmi les autres artistes, citons :

- ☐ Sougwen Chung, une artiste qui collabore avec des **robots** et des **algorithmes** pour créer des dessins et des installations.
- ☐ Memo Akten, un artiste et chercheur qui explore les relations entre l'humain, la nature et la technologie à travers des œuvres interactives et génératives.
- ☐ Mario Klingemann, un artiste et pionnier de l'art neural, qui utilise des **réseaux de neurones** pour créer des portraits, des animations et des collages.
- ☐ Sofia Crespo, une artiste qui utilise l'IA pour générer des images de la nature et de la biodiversité.
- ☐ Ross Goodwin, un artiste et écrivain qui utilise l'IA pour créer des textes, des poèmes et des **scénarios**
- ☐ Scott Eaton, un artiste et designer qui recourt à 'IA pour créer des sculptures et des portraits numériques.

Assistant virtuel

Les termes "*chatbot*" et "assistant virtuel" sont souvent utilisés de manière interchangeable alors qu'il existe une différence entre eux..

Un *chatbot*, ou robot conversationnel, est un programme informatique conçu pour simuler une conversation avec des humains via une interface de messagerie ou de chat en ligne. Les *chatbots* sont généralement programmés pour répondre à des questions spécifiques ou pour effectuer des tâches simples, comme passer une commande ou réserver une table dans un restaurant.

En revanche, un assistant virtuel est un programme informatique qui peut effectuer une variété de tâches plus complexes et qui utilise souvent des technologies de **reconnaissance vocal**e pour interagir avec les utilisateurs. Les assistants virtuels sont souvent intégrés à des applications ou des périphériques tels que les smartphones, les haut-parleurs intelligents ou les ordinateurs, et peuvent effectuer des tâches telles que la recherche en ligne, la gestion des calendriers, la lecture de musique et bien plus encore.

Un *chatbot* est donc principalement conçu pour répondre à des questions spécifiques et pour effectuer des tâches simples via une interface de *chat*, tandis qu'un assistant virtuel est capable de gérer des tâches plus complexes et peut interagir avec les utilisateurs via la reconnaissance vocale et d'autres technologies avancées.

Audio (reconnaissance)

Cf. **Reconnaissance audio.**

AutoGPT

AutoGPT est un robot AI autonome, gratuit et totalement open-source créé par un développeur de **jeux vidéo** nommé Toran Bruce Richards (alias Significant Gravitas sur les réseaux sociaux). AutoGPT est capable d'apprendre de ses erreurs et de s'auto-améliorer. Il permet d'automatiser automatiser les tâches nécessaires à la réalisation d'un projet.

Avantages

L'IA présente de nombreux avantages. Elle permet ainsi d'aider à :

- ☐ automatiser les tâches répétitives et fastidieuses
- ☐ améliorer la précision et la qualité des résultats
- ☐ réduire les **coûts** et augmenter l'efficacité
- ☐ améliorer la **sécurité** et la fiabilité
- ☐ stimuler la créativité.

Avatar

Dans l'usage courant contemporain, le terme avatar" est souvent utilisé pour désigner une illustration graphique personnalisée représentant un utilisateur d'ordinateur, un personnage ou un alter ego de cet utilisateur. Ces avatars apparaissent généralement sous forme d'images bidimensionnelles ou tridimensionnelles.

Certains outils de retouche photo utilisant l'IA, comme **Lensa**, proposent de créer des avatars à partir de photos d'utilisateurs. Les photos des utilisateurs peuvent être converties en versions animées et personnalisées, en utilisant des techniques telles que la génération d'images ou la création de modèles 3D.

Le site généalogique MyJeritage permet, lui aussi, la création d'avatars dans un registre historique.

B

Biais

Les biais (*bias* en anglais) d'IA se produisent lorsque les **algorithmes** font des prédictions biaisées ou inexactes en raison de données biaisées ou incomplètes. Les biais peuvent être introduits à chaque étape du processus de développement de l'IA, depuis la collecte des données jusqu'à la conception et l'entraînement des modèles. Les biais peuvent également être introduits par les utilisateurs des systèmes d'IA, qui peuvent avoir des préjugés ou des attentes qui influencent leur utilisation du système.

Il existe plusieurs types de biais d'IA, notamment les **biais cognitifs**, les **biais de sélection** et les **biais de traitement**.

Biais algorithmique

Les biais algorithmiques sont des erreurs systématiques qui peuvent se produire lorsqu'un **algorithme** est utilisé pour prendre des décisions. Les biais peuvent être introduits dans les données d'entraînement ou dans la conception de l'algorithme lui-même. Les biais peuvent être introduits dans les données d'entraînement ou dans la conception de l'algorithme lui-même. Ces biais peuvent être involontaires ou intentionnels.

Le risque est de voir les algorithmes reproduire des **préjugés** ou des **stéréotypes** de la société dans lesquels ils ont été développés, ce qui peut conduire à des résultats discriminatoires.

Biais cognitifs

Les **biais** cognitifs sont des schémas de pensée répétés qui mènent à des conclusions inexactes et subjectives.

Biais de sélection

Les **biais** de sélection se produisent lorsque les données utilisées pour entraîner un modèle ne représentent pas adéquatement la population cible..

Biais de traitement

Les **biais** de traitement se produisent lorsque le modèle d'IA traite différemment certains groupes de personnes en raison de caractéristiques telles que la race ou le sexe.

Big Data

Le *Big Data* est un terme utilisé pour décrire de grandes quantités de données complexes qui sont collectées, stockées, traitées et analysées pour en extraire des informations utiles et des tendances significatives.

Les données peuvent être structurées, semi-structurées ou non structurées et proviennent de diverses sources, notamment les médias sociaux, les transactions financières, les appareils connectés à l'**Internet des Objets** (*IoT*), les applications mobiles, les capteurs, les satellites, les vidéos, les images et les journaux.

Le *Big Data* se caractérise par trois V : le Volume, la Vitesse et la Variété. Le Volume fait référence à la quantité de données produites, qui est généralement très grande. La Vitesse fait référence à la rapidité avec laquelle les données sont générées et traitées, ce qui peut être un défi pour les entreprises qui souhaitent en extraire des informations en temps réel. La Variété fait référence aux différentes sources et types de données qui doivent être agrégées et traitées pour en extraire des informations utiles.

L'analyse des données massives est devenue un enjeu stratégique pour de nombreuses entreprises et organisations car elle permet d'identifier des tendances, de prendre des décisions plus éclairées et de découvrir de nouvelles opportunités commerciales. Pour traiter ces données massives, les entreprises utilisent souvent des technologies telles que le *cloud computing*, le Hadoop, le Spark, le NoSQL et l'**apprentissage machine**.

Bing Chat

Bing Chat, un produit Microsoft est un **agent conversationnel** qui utilise **GPT-4** dans la formulation de ses réponses aux questions des utilisateurs.. Comme ChatGPT , il peut générer du texte (limité à mille signes) sur une variété de sujets. A la différence de ChatGPT, Bing Chat peut rechercher des informations en temps réel - et donc actualisées - sur Internet en temps et affiche ses sources.

Bing Fact Check

Bing Fact Check est un outil qui permet de vérifier la véracité des informations trouvées sur le web. Il utilise des **algorithmes** et des **sources** fiables pour évaluer le niveau de confiance et de crédibilité des informations. Il affiche un indicateur de vérification des faits sur les résultats de recherche qui ont été vérifiés par des sources tierces.

Bing Image Creator

Bing Image Creator est un générateur d'images par l'IA de Microsoft Bing. Il permet de générer des images basées sur un texte.

Pour utiliser Bing Image Creator, il faut disposer d'un compte Microsoft et d'un accès à Bing.com. Il n'est pas nécessaire d'avoir un compte DALL-E 2 ou OpenAI. Bing Image Creator est disponible en prévisualisation directement dans son navigateur en allant sur bing.com/create ou depuis Bing chat dans Edge.

Bruit

Le bruit dans une recherche est l'ensemble des réponses non pertinentes proposées par le système d'interrogation d'une base de données ou du web. Le bruit peut être causé par des termes de recherche ambigus, trop larges ou trop nombreux.

L'IA peut aider à réduire le bruit dans les résultats de recherche en utilisant des **algorithmes d'apprentissage automatique** pour filtrer les résultats de recherche et éliminer le bruit. Le bruit documentaire peut également être causé par le trop grand nombre de résultats retournés par l'outil de recherche ou par leur faible qualité.

Buffet (Warren)

Warren Buffet est un investisseur américain, d'affaires magnat et philanthrope. Il est connu sous le nom d'"Oracle d'Omaha" et est surtout connu pour son adhésion stricte à la plus-value investissement et frugalité malgré son immense richesse. Il est né dans l'Omaha au Nebraska le 30 août 193012. Sa fortune est estimée à 113,8 milliards de dollars selon Forbes en avril 20233. Il a déclaré :

> *L'intelligence artificielle va changer notre monde plus que tout ce que nous avons vu jusqu'à présent.* (source & date non identifiées)

Business Plan

Cf. **Plan d'affaires**.

C

Calligraphie

Des générateurs de (polices de) calligraphie utilisent l'IA pour créer des lettres de manière automatisée. Le site Lettering.org propose un générateur de calligraphie qui permet de créer des calligraphies à utiliser directement, comme modèles ou à reproduire. Font Meme, quant à lui, propose un générateur de polices de calligraphie qui permet de convertir le texte en images ou en logos.

Ces générateurs sont vraisemblablement entraînés à partir de données de calligraphie existantes ou utilisent des algorithmes d'**apprentissage automatique** pour créer des formes de lettres. Ces outils sont des moyens de créer des calligraphies et des polices de manière rapide et efficace, mais ils ne remplacent pas la pratique manuelle et la maîtrise de l'art de la calligraphie.

Canulars

Les canulars (*hoaxes*) sont des tentatives de tromper le public en faisant passer des informations fausses pour vraies, que ce soit à des fins humoristiques ou de désinformation.

Comme certains outils d'IA sont capables de générer du contenu textuel ou des images de manière convaincante, ils peuvent faciliter la création de canulars.

Chat

En informatique, le terme *chat* fait référence à une forme de communication en temps réel entre deux ou plusieurs utilisateurs par le biais de textes échangés sur Internet. Un *chat* permet aux utilisateurs de dialoguer instantanément, généralement via un logiciel ou une application dédiée.

L'IA a permis la création de ***chatbots*** capables de mener des conversations interactives avec les utilisateurs, offrant une assistance, des informations ou des services spécifiques en temps réel.

Chatbot

Le terme *chatbot* est une contraction de deux mots anglais : *chat* qui signifie "discuter" et *bot* qui est l'abréviation de **"robot"**. Ainsi, le mot *chatbot* désigne un programme informatique capable de simuler une conversation avec un utilisateur via une interface de chat ou de messagerie.messagerie.

L'origine du mot *chatbot* remonte aux années 1990, lorsque les premiers programmes de dialogue automatisé ont été développés pour répondre aux questions des utilisateurs sur les sites web. À l'époque, ces programmes étaient souvent appelés **agents conversationnels** ou **assistants virtuels**.

Le terme *chatbot* est devenu populaire dans les années 2000, avec la montée en puissance des réseaux sociaux et des applications de messagerie. Les entreprises ont commencé à utiliser des *chatbots* pour fournir un support client automatisé et pour améliorer l'expérience utilisateur.

Aujourd'hui, les *chatbots* sont de plus en plus sophistiqués et utilisent des technologies telles que l'intelligence artificielle et le **traitement automatique du langage naturel** pour comprendre et répondre aux demandes des utilisateurs de manière de plus en plus précise et personnalisée.

ChatGPT

ChatGPT est un modèle de langage créé par la société **OpenAI**. Ce prototype d'**agent conversationnel** a été lancé en novembre 2022.

ChatGPT est devenu un phénomène de société car il est la première plateforme à véritablement démocratiser le potentiel de l'**intelligence artificielle** auprès du grand public. ChatGPT repose sur l'analyse de vastes quantités de données et d'informations pour prédire la réponse la plus probable à une question donnée. Il est entraîné sur une grande variété de tâches liées au langage, telles que la **traduction**, la compréhension et la **génération de texte**.

En réponse à une question, ChatGPT génère un texte cohérent et naturel, qui peut être utilisé pour résoudre des problèmes de manière plus efficace ou pour automatiser certaines tâches, telles que le service clientèle ou la recherche d'informations en ligne.

ChatGPT (coût de)

Selon une étude menée par les analystes de SemiAnalysis, le

fonctionnement de ChatGPT coûterait à **OpenAI** environ 700 000 dollars par jour en frais de calculs. Ce chiffre est une estimation et peut varier en fonction de nombreux facteurs tels que la taille de l'application et le nombre d'utilisateurs.

Pour l'utilisateur, l'application de base est gratuite mais OpenAI propose également une version payante de ChatGPT appelée ChatGPT Plus au coût de 20 dollars par mois.

ChatGPT (extensions Chrome pour)

Les extensions Chrome pour ChatGPT sont des outils qui permettent d'utiliser l'IA à tout moment depuis le navigateur web. Il existe plusieurs extensions Chrome pour ChatGPT très utiles. Par exemple, l'extension gratuite ChatGPT pour les moteurs de recherche affiche la réponse ChatGPT à côté de la recherche Google. L'extension WebChatGPT pour Chrome donne accès à l'intégralité du web à l'IA, sans limite temporelle. Citons encore les extensions Search GPT, ChatGPT Writer, GPT-3 Playground et GPT-3 for Chrome.

ChatGPT (limites)

La limite la plus importante de **ChatGPT** en l'état semble être le non accès à l'Internet donc l'impossibilité de fournir des informations actuelles ou actualisées (sauf à disposer d'un *WebAccess).*

D'autres limites incluent la capacité limitée de ChatGPT à comprendre le contexte global d'un texte, la gestion des tâches complexes, les longues séquences, le format des réponses, les hypothèses et **prédictions** et la vulnérabilité aux données d'entraînement.

En réponse à une question, il n'y aurait pas de limites strictes en ce qui concerne le nombre de caractères ou de mots livrés mais certains utilisateurs auraient remarqué des limitations de caractères après environ 500 mots.

Chatsonic

Chatsonic est un ***chatbot*** développé par Writersonic et similaire à **ChatGPT**, mais sa valeur comme assistant d'écriture semble supérieure. Chatsonic peut, lui aussi, générer du texte et des images pour créer des réponses basées sur les entrées des utilisateurs, et stimuler la créativité. Il peut modifier, sauvegarder et télécharger les conversations en un clic. En tant qu'outil d'archivage, il conserve des données cruciales.

ChaosGPT

Chaos GPT est une version modifiée de **ChatGPT**. Ce chatbot a été réalisé à l'aide de l'**Auto-GPT** d'**OpenAI**. Il a été conçu pour générer des résultats chaotiques ou imprévisibles.

Cinéma

L'IA est utilisée dans le cinéma pour la création d'effets spéciaux, la post-production, la production de films et la création de bandes-annonces. Elle permet également aux réalisateurs de consacrer plus de temps à leurs personnages principaux, à leurs **dialogues** et à l'intrigue.

Il est possible d'utiliser l'IA pour rajeunir ou vieillir des personnages en fonction des besoins du film, comme le montrent les recherches menées par Disney.

Cinéma (films)

L'intelligence artificielle joue un rôle important. dans des films de cinéma tels que :

- ☐ *Transcendance* (2014). Dans ce film de Wally Pfister, un scientifique télécharge sa conscience dans un ordinateur, ce qui lui permet de devenir une intelligence artificielle.
- ☐ *Chappie* (2015). Dans ce film de Neill Blomkamp, un robot policier est programmé pour penser et ressentir comme un être humain.
- ☐ *Ghost in the Shell* (2017). Ce film de Rupert Sanders suit l'histoire d'une cyborg policier qui traque un pirate informatique dangereux.
- ☐ *Ready Player One* (2018). Dans ce film de Steven Spielberg, les personnages évoluent dans un monde virtuel créé par une intelligence artificielle.
- ☐ *Upgrade* (2018). Dans ce film de Leigh Whannell, un homme se fait implanter une puce informatique qui lui donne des capacités physiques surhumaines.
- ☐ *I Am Mother* (2019). Dans ce film de Grant Sputore, une adolescente est élevée par une mère robotique dans un bunker post-apocalyptique.
- ☐ *The Social Dilemma* (2020). Ce documentaire de Jeff Orlowski explore les effets de l'intelligence artificielle sur les réseaux sociaux et la vie privée.

L'IA est de plus en plus présente dans les films de cinéma à mesure que les progrès scientifiques de la discipline deviennent visibles du grand public. De nombreux spécialistes de l'IA apparaissent dans des films tels que *I, Robot*, *Iron Man* ou, encore, *Ex Machina*. Cependant, la quasi-totalité de ces spécialistes sont des hommes.

Citations (fausses)

De nombreux sites consacrés aux citations mentionnent une citation attribuée à Albert Einstein : *L'intelligence artificielle ne fait pas le poids face à la stupidité naturelle.* Or Albert Einstein est décédé en avril 1955, période où le concept d'**intelligence artificielle** était en train d'émerger. Il ne s'est pas exprimé sur l'intelligence artificielle, ni même sur les technologies informatiques de son époque.

D'autres attribuent à Stephen Hawking une citation douteuse" : *L'intelligence artificielle pourrait être l'un des plus grands cadeaux que l'humanité ait jamais reçus. Ou l'un des plus grands cadeaux que l'humanité ait jamais donnés.*

Codage

Des outils d'IA peuvent être utilisés pour coder. Par exemple, l'IA Codex d'OpenAI est capable de convertir des instructions simples en langage naturel en code informatique fonctionnel. Il est également possible de générer des lignes de code avec l'extension Codeium.

Les IA de codage automatique ne sont pas réputées performantes pour tout ce qui est programmation liée à la **cybersécurité** car ils peuvent générer du code qui ajoute des failles de sécurité.

Cognition artificielle

Les sciences cognitives sont une discipline scientifique qui étudie les processus mentaux impliqués dans la cognition. La cognition artificielle est un domaine de l'**intelligence artificielle** qui s'intéresse à la modélisation de la cognition humaine et animale. La cognition artificielle fonctionne en utilisant des **algorithmes d'apprentissage automatique** pour reproduire les processus cognitifs tels que la perception, la mémoire, le raisonnement et l'apprentissage dans des systèmes informatiques.

Contenu (agrégation de)

L'agrégation de contenu est une forme de **curation de contenu** qui consiste à résumer dans un message le contenu de plusieurs sources sur un thème.

Contenu (curation de)

La curation de contenu est une pratique qui consiste à sélectionner, éditer et partager les contenus les plus pertinents du Web pour un sujet donné. Elle peut avoir plusieurs objectifs, comme offrir une meilleure visibilité aux contenus de qualité, apporter son propre point de vue, se positionner en tant qu'expert ou fournir des contenus à un site avec un minimum de dépenses.

La différence essentielle entre curation et agrégation réside dans le fait de choisir les contenus proposés aux internautes pour leur donner du sens et non pas de se contenter d'une collecte de liens sans contextualisation. La curation de contenu peut, elle, être enrichie de commentaires ou d'informations supplémentaires par le curateur.

Contenu (génération de)

La génération de contenu en IA consiste à utiliser des **algorithmes d'apprentissage automatique** pour créer du contenu textuel ou visuel. Les générateurs de contenu automatiques peuvent être utilisés pour créer des articles de blog, des descriptions de produits, des titres d'articles ou des **images**. Ils peuvent par exemple aider les spécialistes du marketing à créer du contenu plus rapidement et plus efficacement.

Quelques avantages de la génération de contenu :

- ☐ Rapidité et efficacité. L'IA peut générer de grandes quantités de contenu rapidement et sans erreur.
- ☐ Rentabilité. Le contenu généré par l'IA est souvent moins cher à produire que le contenu écrit par un humain.
- ☐ Personnalisation. L'IA peut générer un contenu personnalisé pour chaque utilisateur, en fonction de ses préférences.
- ☐ Créativité. Les outils de génération de contenu IA peuvent aider à créer du contenu créatif en cliquant sur un bouton.

Quelques inconvénients de la génération de contenu :

- ☐ Qualité. Le contenu généré par l'IA peut être de moins bonne qualité que celui rédigé par un être humain.
- ☐ Créativité. L'IA peut manquer de créativité et de personnalité, ce qui peut rendre le contenu moins engageant pour les **utilisateurs**.
- ☐ Personnalisation. L'IA s'appuie uniquement sur le contenu web existant et ne comprend pas le comportement et l'intention humains.
- ☐ **Biais**. Les algorithmes utilisés pour générer du contenu peuvent être biaisés

Contenus (fermes à)

Les fermes de (ou à) contenus (*content farms*) sont des sites web qui utilisent des ***newsbots*** pour générer du contenu à clics. Il s'agit souvent de sites web à fort trafic tels que les sites d'actualités et les sites de commerce électronique. Ils usent aussi des titres dits putaclics.

Contrôle

La question du contrôle des IA entraîne des débats que ce soit sur l'autonomie des systèmes d'IA et leur impact sur la société notamment en termes d'emploi et d'environnement, les questions éthiques, de responsabilité et de gouvernance, leur utilisation responsable, etc.

Le contrôle des IA peut varier en fonction du contexte et de l'application spécifique de l'IA en question :

☐ Contrôle par les développeurs. Les IA sont initialement créées et développées par des équipes d'experts en IA, d'ingénieurs logiciels et de chercheurs. Ces développeurs ont un certain degré de contrôle sur la conception, l'entraînement et le comportement initial des IA.

☐ Contrôle par les propriétaires des IA. Les IA sont souvent développées et déployées par des entreprises ou des organisations qui en détiennent les droits de propriété. Ces entités peuvent exercer un contrôle sur la façon dont les IA sont utilisées, distribuées et mises à jour.

☐ Contrôle par les utilisateurs finaux. Les utilisateurs finaux d'une IA peuvent avoir un certain degré de contrôle sur son utilisation et son interaction. Par exemple, les utilisateurs peuvent interagir avec un *chatbot* en posant des questions ou en donnant des instructions spécifiques, ce qui peut influencer les réponses de l'IA.

☐ Réglementation gouvernementale. Les gouvernements peuvent exercer un contrôle sur les IA à travers des réglementations et des politiques. Par exemple, certains pays ont élaboré des directives et des lois spécifiques pour encadrer l'utilisation des IA, en particulier dans des domaines sensibles tels que la santé, la finance et la sécurité.

Cuisine (recettes de)

Les avancées en matière d'IA ont permis de nombreuses applications dans différents domaines, y compris la cuisine. Des recherches sont en cours pour voir comment les AI peuvent élaborer des recettes de cuisine. Actuellement, il existe des applications qui utilisent l'intelligence artificielle pour aider à planifier des repas, établir des menus, en fonction des préférences alimentaires et des ingrédients disponibles, par exemple, l'application Popotte Duck

Cependant, élaborer des recettes de cuisine à partir de rien est une tâche plus complexe pour les AI. Des chercheurs utilisent donc des **algorithmes d'apprentissage automatique** pour analyser des milliers de recettes et identifier des modèles qui peuvent ensuite être utilisés pour générer de nouvelles recettes.

Ces recettes générées par les AI sont encore en phase de développement et nécessitent des ajustements humains pour garantir leur qualité et leur sécurité. Il est donc peu probable que les AI remplacent complètement les chefs cuisiniers humains, mais ils peuvent être un outil utile pour aider à élaborer des recettes et à planifier des repas.

Curriculum vitae

Des outils IA permettent de créer un CV facilement, par exemple Appkina (le contenu est créé automatiquement et professionnellement), Rezi (en fonction du job recherché, différents *templates* sont proposés), **Canva**.

Cyberattaque

L'intelligence artificielle peut être utilisée pour alimenter les cyberattaques, qu'elles émanent de cybercriminels ou de services d'Etat.

L'IA peut cibler et identifier les applications, les appareils et les réseaux vulnérables afin d'étendre leurs attaques d'ingénierie sociale. L'IA est capable de détecter des modèles de comportement et d'identifier les vulnérabilités au niveau personnel.

Quelques exemples de cyberattaques :

☐ Piratage des systèmes contrôlés par l'IA : perturber les infrastructures en causant, par exemple, une panne d'électricité généralisée, un engorgement du trafic ou la rupture de la chaîne d'approvisionnement.

☐ Attaque par exemples contradictoires (*adversarial examples attack*) : les attaques par exemples contradictoires visent à soumettre des entrées malicieuses ou corrompues au système d'IA en phase de production.

☐ Attaque *deepfake* : cette attaque vise à tromper les utilisateurs en créant des vidéos ou des images qui semblent authentiques mais qui ont été créées par l'IA. Les *deepfakes* peuvent être utilisés pour diffuser de **fausses informations** (désinformation) ou pour piéger les utilisateurs.

Cybersécurité

ChatGPT, ou tout autre programme d'intelligence artificielle, pourrait menacer la cybersécurité de plusieurs façons :

- Espionnage. Des acteurs malveillants pourraient utiliser ces technologies pour infiltrer des systèmes et collecter des informations sensibles.
- Usurpation d'identité. Les IA peuvent être utilisées pour imiter des personnes réelles, ce qui peut entraîner des escroqueries ou des manipulations.
- Propagation de fausses informations : Les IA peuvent créer et diffuser de fausses informations (*fake news*) ou des *deepfakes*, semant la confusion et la désinformation.
- Attaques automatisées. Les IA peuvent être utilisées pour mener des attaques automatisées à grande échelle, comme des attaques *DDoS* (par déni de service) ou des tentatives de *phishing* (hameçonnage).

Les outils d'intelligence artificielle peuvent également être utilisés pour renforcer la cybersécurité.

Cyborg

Les cyborgs sont des êtres humains qui ont été modifiés par des technologies pour améliorer leurs capacités physiques ou mentales. Ils ne peuvent donc être confondus avec des **robots** ou des **androïdes**.

Ils existent dans la réalité à travers des humains équipés de prothèses et d'implants. Les cyborgs peuvent utiliser l'IA pour améliorer leurs capacités cognitives ou physiques, comme la vision ou l'audition.

Ces équipements peuvent également être utilisés pour aider les personnes handicapées à retrouver leur mobilité et leur indépendance, ainsi que dans l'industrie pour effectuer des tâches dangereuses ou répétitives.

Les cyborgs et l'IA sont deux technologies différentes, mais elles peuvent être combinées pour créer des systèmes plus avancés. Les cyborgs peuvent utiliser l'IA pour améliorer leur capacité à traiter les informations et à prendre des décisions.

D

DALL-E

DALL-E 2 est un programme d'IA développé par **Open AIR** qui utilise le **traitement du langage naturel** et la **vision par ordinateur** pour créer des images à partir de descriptions textuelles. Par exemple, si on donne à DALL-E 2 une description telle que "un chat avec des ailes en train de voler" et il générera une image correspondante.

Le programme utilise un **réseau neuronal profond** pour apprendre à associer des descriptions textuelles à des images, et il peut générer une grande variété d'images en fonction des descriptions qu'il reçoit. Il est souvent mis en concurrence avec **My Journey**.

Data mining

Le *data mining* (l'exploration de données) est un processus d'exploration et d'analyse des données pour découvrir des modèles significatifs, des tendances ou des relations cachées. Elle utilise des techniques statistiques et informatiques pour extraire des connaissances à partir de grandes quantités de données.

Le but de cette "fouille de données" est de découvrir des informations utiles et exploitables à partir de données qui peuvent être structurées ou non structurées. Les données structurées sont organisées dans des tableaux et des bases de données, tandis que les données non structurées peuvent être des textes, des images, des vidéos, des sons, etc.

Les applications courantes de l'exploration de données comprennent la détection de fraude, la prévision de tendances, la segmentation de marché, la recommandation de produits et la personnalisation de contenu. Elle est utilisée dans de nombreux domaines, tels que les sciences sociales, la santé, les finances, le marketing, la biologie et l'informatique.

Décision automatisée

Une décision automatisée est une décision prise par des moyens technologiques sans intervention humaine. Par exemple, une demande de prêt en ligne ou un questionnaire d'aptitude pour une demande d'emploi. Cette décision peut découler d'un profilage ou être prise sans qu'un profil ait été construit au préalable.

Deep Dream Generator

Deep Dream Generator est un outil en ligne qui utilise l'**intelligence artificielle** pour générer des images à partir de photos existantes. Cet algorithme est fondé sur le principe de *machine learning,* qui apprend à reconnaître des concepts et des formes. Deep Dream Generator utilise un réseau neuronal artificiel pour analyser une image et la transformer en une nouvelle image qui ressemble à l'original, mais avec des détails supplémentaires.

Deepfake

Un *deepfake* est une vidéo générée ou modifiée à l'aide de l'**intelligence artificielle**. Cette technique de synthèse multimédia repose sur l'intelligence artificielle et permet de manipuler une vidéo ou un son pour créer des canulars et de fausses informations (*fake news*). Les *deepfakes* peuvent être utilisés pour faire tenir à une personnalité publique des propos qu'elle n'a jamais prononcés dans la vie réelle. Ils sont aussi utilisés à des fins pornographiques (en remplaçant le visage d'une actrice pornographique par celui d'une actrice célèbre).

Deep learning

Cf. **apprentissage profon**d.

Désinformation

La désinformation est un ensemble de pratiques et de techniques de communication visant à influencer l'opinion publique en diffusant délibérément des informations fausses, faussées ou biaisées.

La désinformation peut avoir des conséquences graves, car elle peut empêcher le public et ses représentants de débattre et prendre des décisions éclairées.

Les médias sociaux sont devenus un moyen courant de diffuser de la désinformation, et les groupes terroristes et les États hostiles peuvent également utiliser des techniques de désinformation pour semer la confusion et influencer les opinions.

Les influenceurs sociaux (IS) peuvent aider à désinformer en utilisant leur influence pour diffuser intentionnellement de fausses informations ou en soutenant des causes controversées pour influencer l'opinion publique. Cependant, les IS peuvent également jouer un rôle important dans la lutte contre la désinformation en utilisant leur influence pour promouvoir la vérité et en s'engageant activement dans la dénonciation des fausses informations et de la désinformation.

Des IA utilisent des **algorithmes** pour détecter les fausses informations. Ceux-ci peuvent être basés sur des modèles de **langage naturel** pour détecter les fausses informations dans les textes. Les algorithmes peuvent également s'appuyer sur des modèles de **vision par ordinateur** pour détecter les fausses informations dans les images et les vidéos. Les algorithmes peuvent également être basés sur des modèles de détection de la source pour détecter les fausses informations en identifiant la source d'origine.

Les gouvernements, les entreprises et les organisations de la société civile sont invités à travailler ensemble pour développer des stratégies efficaces de lutte contre la désinformation et promouvoir l'éducation et la sensibilisation du public aux problèmes de désinformation.

Devoirs scolaires

L'utilisation de **ChatGPT** ou **Bing Chat** dans les devoirs ou travaux scolaires à tous niveaux est un sujet controversé. Bien que ces outils puissent être utiles pour aider les élèves et étudiants à comprendre les concepts et à améliorer leurs compétences en écriture, ils sont également susceptibles d'être utilisés pour tricher et pour contourner le travail réellement nécessaire pour réussir. En effet, en faisant appel à l'IA pour structurer un devoir ou même le rédiger, ChatGPT peut mobiliser des informations sans proposer les sources associées ou pire, relayer des informations obsolètes ou bien encore citer de mauvaises sources.

Les enseignants et parents sont invités à surveiller l'utilisation de ces outils et à encourager les élèves à faire leur propre travail plutôt que de compter sur l'IA pour tout faire à leur place. Néanmoins, certains établissements, notamment en Belgique, préféreraient encourager l'utilisation de ChatGPT par les élèves plutôt que de limiter son usage ou de l'interdire.

Par contre, en France, Sciences Po a interdit l'utilisation de ChatGPT pour effectuer des devoirs afin de prévenir la fraude et le **plagiat** car l'utilisation de ChatGPT peut permettre aux étudiants de produire des travaux qui ne sont pas les leurs et qui ne reflètent pas leur niveau réel de compétence en écriture. En outre, l'utilisation de ChatGPT peut également rendre plus difficile pour les enseignants d'évaluer le travail des étudiants et de fournir des commentaires constructifs.

Dialogues

Les outils IA permettent de créer des dialogues pour des **livres**, des scénarios ou d'autres formes d'écriture. Ils génèrent du texte conversationnel de manière automatique. Quelques outils :

- ☐ **GPT-3**. Ce modèle de langage est capable de générer du texte de manière créative et réaliste, y compris des dialogues.

- ☐ **ChatGP**T . Cet outil conversationnel est, par définition, conçu pour la génération de conversations et de dialogues, y compris entre personnages dans un livre ou un scénario.

- ☐ Dialogue Systems Toolkit. DST est une boîte à outils open-source qui fournit des fonctionnalités pour la création de systèmes de dialogue basés sur l'IA. Il offre des fonctionnalités avancées telles que la gestion de l'état, la génération de réponses cohérentes et la prise en compte du contexte.

- ☐ Chatbot frameworks. Il existe plusieurs frameworks pour la création de *chatbots* basés sur l'IA tels que Rasa, Dialogflow et Microsoft Bot Framework. Ces frameworks fournissent des outils et des fonctionnalités pour créer des dialogues interactifs et personnalisés.

La qualité et la performance des outils d'IA peuvent varier, et il est recommandé d'expérimenter différents outils pour trouver celui qui convient le mieux à ses besoins spécifiques. Même avec l'aide des outils d'IA, il est essentiel d'avoir une révision humaine et d'affiner les dialogues pour assurer leur cohérence et leur pertinence dans le contexte de son livre ou scénario.

Domaines d'application

L'IA est utilisée dans de nombreux domaines, tels que :

- • La médecine. L'IA est utilisée pour aider les médecins à diagnostiquer les maladies, à concevoir des traitements personnalisés et à prédire les résultats des traitements.
- • La finance. L'IA est utilisée pour analyser les données financières, détecter les fraudes et prévoir les tendances du marché.
- • Les transports. L'IA est utilisée pour développer des véhicules autonomes, améliorer la logistique et la planification du transport de marchandises.
- • La fabrication. L'IA est utilisée pour optimiser les processus de production, prévoir les pannes et améliorer la qualité des produits.
- • Les services clients. L'IA est utilisée pour automatiser les réponses aux demandes de renseignements, aider les clients à résoudre les

problèmes et améliorer la satisfaction des clients.
- L'énergie. L'IA est utilisée pour optimiser la production d'énergie, gérer les réseaux électriques et améliorer l'efficacité énergétique.
- Les jeux vidéo. L'IA est utilisée pour développer des jeux plus complexes et réalistes, ainsi que pour créer des personnages non joueurs (PNJ) plus intelligents.
- L'éducation . L'IA est utilisée pour aider les enseignants à personnaliser l'apprentissage en fonction des besoins de chaque élève, à évaluer les progrès et à fournir des commentaires personnalisés.

Avec le temps, l'utilisation de l'IA serait appelée à se développer dans de nouveaux domaines, avec des applications innovantes pour résoudre des problèmes complexes, normalement dans le but d'améliorer notre qualité de vie.

Données

Pour une IA, les données (*data*) sont des informations utilisées pour entraîner un modèle d'IA. Elles apprennent à l'IA à reconnaître des modèles et à prendre des décisions en fonction de ces modèles.

Les données peuvent être structurées ou non structurées et inclure des images, du texte, de la vidéo ou de l'audio. Les données sont souvent étiquetées pour aider l'IA à comprendre ce qu'elle voit ou entend. Par exemple, une image peut être étiquetée avec des informations sur les objets qu'elle contient ou une transcription peut être fournie pour une vidéo ou un enregistrement audio.

Données (génération de)

La génération de données pour IA est une technique qui consiste à créer des données artificielles à partir de données réelles ou de modèles statistiques pour entraîner ou évaluer un modèle d'IA1. La génération de données peut être utile pour augmenter la quantité ou la diversité des données disponibles, pour réduire les coûts ou les risques liés à la collecte ou au partage de données sensibles, ou pour simuler des scénarios hypothétiques ou rares.

La génération de données peut être réalisée de différentes manières, comme la synthèse de données à partir de règles ou de distributions probabilistes, la transformation de données existantes par des opérations comme le bruitage, le décalage ou la rotation, ou la génération de données à partir d'autres données par des techniques comme le transfert de style, le **GAN** ou le VAE.

Données (systèmes de traitement de)

Les systèmes de traitement de données sont des systèmes constitués d'un ensemble de composants permettant de traiter automatiquement des informations. Il existe différents types de systèmes de traitement de données, comme les systèmes de gestion de base de données (SGBD), les systèmes de gestion de données techniques (SGDT) ou les systèmes d'information géographique (SIG).

L'IA utilise souvent des systèmes de traitement de données pour apprendre à partir de grandes quantités de données et pour produire des résultats pertinents. Les systèmes de traitement de données doivent respecter les principes de la protection des données, notamment le règlement général pour la protection des données (RGPD), lorsqu'ils traitent des données personnelles.

Données massives

Les données massives (ou mégadonnées) sont un ensemble très volumineux de données qu'aucun outil classique de gestion de base de données ou de gestion de l'information ne peut vraiment travailler. Elles proviennent de nombreuses sources numériques telles que les réseaux sociaux, les médias, l'**Open Data**, le Web, des bases de données privées ou publiques à caractère commercial ou scientifique.

Drone

L'intelligence artificielle donne aux machines la possibilité d'interagir de manière intelligente. La fusion entre drones et **intelligence artificielle** représente la réponse à de nombreux besoins en imagerie aérienne pour différents secteurs comme l'énergie, la construction, la sécurité et la défense, l'agriculture.

Les drones autonomes ont de multiples avantages : ils réduisent les risques pour la main-d'œuvre humaine, par exemple en évitant aux employés de se câbler dans le vide lors de l'inspection de ponts, tout en augmentant l'efficacité et la précision des inspections.

E

Emploi

D'après une étude du cabinet McKinsey, d'ici 2030, 60% des **métiers** pourraient être concernés par l'automatisation des processus de travail avec des conséquences pour 60% des emplois dans le monde. L'**intelligence artificiel**le risque aussi de faire disparaître certains métiers, notamment les professions les moins qualifiées qui comportent des tâches répétitives aisément automatisables (par exemple dans le secteur manufacturier).

D'autres métiers sont menacés par les **progrès** dans le domaine de l'IA comme celui d'opérateur de saisie de données (les tâches de saisie manuelle de données peuvent être automatisées grâce à l'IA et à la reconnaissance optique de caractères), d'opérateur de centre d'appel (certains aspects des centres d'appels peuvent être pris en charge par des chatbots et des agents virtuels capables de répondre aux questions des clients), de chauffeur de véhicules de transport (le développement des véhicules autonomes peut éventuellement réduire la demande de chauffeurs de taxi, de camionneurs et de conducteurs de livraison).

Cependant, le déploiement de l'IA dans l'économie engendre d'ores et déjà des besoins en spécialistes de l'informatique et des mathématiques. Selon McKinsey, l'intelligence artificielle devrait contribuer à faire gagner 1,2% au PIB mondial chaque année jusqu'en 2030. De même, Accenture considère que l'IA permettra une augmentation de la productivité jusqu'à 38 % dans certains pays.

Il faudrait donc se préparer à ces changements en se formant aux nouvelles technologies et en développant de nouvelles compétences pour s'adapter aux nouveaux métiers qui émergeront.

Enseignement

Les enseignants peuvent utiliser l'IA pour suivre plus efficacement les élèves en identifiant plus rapidement les lacunes et en concentrant leurs cours sur les domaines à améliorer. Quelques outils d'IA pour l'éducation :

- ☐ EdTech aide les enseignants à personnaliser l'apprentissage et à suivre les progrès des élèves.
- ☐ Smart Sparrow permet de créer des cours interactifs et personnalisés.
- ☐ Cognii permet d'évaluer les réponses des élèves et fournir des commentaires personnalisés.

Entrepreneurs

Les entrepreneurs peuvent utiliser des **robots conversationnels** tels que **ChatGPT** pour gagner du temps et de l'argent. Les six façons dont les entrepreneurs peuvent utiliser ces outils IA pour gagner du temps sont les suivantes :

- Création de contenu
- Réponses aux questions fréquentes
- Génération de descriptions de produits
- Génération de titres d'articles
- Génération de textes publicitaires
- Génération de textes pour les médias sociaux

Environnement

L'empreinte environnementale de l'IA générative serait très élevée en raison des coûts importants d'utilisation croissante de cette technologie grande consommatrice d'électricité et d'eau (empreinte hydrique). La fabrication, la maintenance et le recyclage des plates-formes de calcul et de stockage sont des facteurs importants à prendre en compte dans le calcul de l'empreinte environnementale de l'IA

Selon New Street Research, si Google déployait un algorithme similaire à **ChatGPT** (qui compte en 2023 100 millions d'utilisateurs) pour alimenter son moteur de recherche utilisé par plus de 4 milliards d'humains chaque jour, plus de 80 milliards de dollars seraient nécessaires, soit plus que les investissements en *data centers* (énergivores) en 2021 de Microsoft, Amazon et Google réunis.

Erreur

La probabilité qu'une IA ne se trompe pas se situerait entre 85 et 95%. Les humains, eux, seraient généralement entre 60 et 70 %.

Éthique

Par éthique de l'IA, on désigne l'étude des implications éthiques de l'utilisation de l'IA, y compris les préoccupations liées à la **confidentialité** des données, à la discrimination, à la transparence et à la responsabilité.

Evernote

Evernote - aujourd'hui concurrencé par **Notion** - est un outil de prise de notes et de gestion de projet. Evernote utilise l'IA pour certaines fonctionnalités telles que la reconnaissance de texte manuscrit et la recherche d'images.

F

Fact checking

Le *fact checking* (vérification de faits) est une pratique journalistique qui consiste à vérifier les déclarations et les faits présentés dans les médias et les discours politiques pour déterminer leur exactitude et leur véracité. Cette pratique a été développée pour aider à mettre fin à la confusion et à la **désinformation** qui règnent souvent dans les médias et la politique.

En utilisant des méthodes de vérification factuelle, les journalistes et les experts peuvent déterminer si une déclaration ou une information est vraie ou fausse. La vérification des faits est devenue encore plus importante dans l'ère numérique, alors que les informations peuvent se propager rapidement sur les réseaux sociaux et les sites web.

Fake news

Une *fake news* est une fausse information bénéficiant le plus souvent d'une large diffusion dans les médias, notamment sur Internet et les réseaux sociaux. Les *fake news* sont manipulées intentionnellement dans le but d'induire le public en erreur. Les fake news peuvent être des canulars ou des tentatives de **désinformation**.

Fausses informations

Cf. *Fake news*.

Feedly

L'agrégateur de contenu Feedly utilise un assistant IA, Leo, pour aider les utilisateurs à filtrer les contenus pertinents parmi les nombreuses sources d'informations disponibles sur la plateforme. Leo utilise l'**apprentissage automatique** pour apprendre les préférences de l'utilisateur en matière de contenu, et lui recommander des articles et des sources qui correspondent à ses centres d'intérêt.

Feedly met l'accent sur la confidentialité et la sécurité des données personnelles de ses utilisateurs. Cet agrégateur de contenu est financé par la communauté d'utilisateurs; l'entreprise peut donc se concentrer sur l'optimisation du temps de l'utilisateur plutôt que sur l'exploitation de son attention.

Fiabilité

Pour évaluer soi-même la fiabilité des sources consultées sur le web, on peut utiliser des grilles d'évaluation qui aident à vérifier l'auteur, l'objectif, l'exactitude et l'actualité du document. On peut aussi comparer les informations avec d'autres sources reconnues et vérifier les références citées.

Flipboard

Flipboard est une application mobile et un site web qui agrège les contenus provenant de différentes sources pour les présenter sous la forme d'un magazine personnalisé. L'application utilise l'IA pour apprendre les préférences de l'utilisateur en matière de contenu et pour suggérer des articles et des sources qui correspondent à ses centres d'intérêt.

G

GAN

Les GAN (*Generative Adversarial Networks*) sont une technique d'**apprentissage profond** de la machine qui permet de générer des données synthétiques à partir d'un ensemble de données d'entraînement. Les GAN sont basés sur deux réseaux neuronaux : un générateur et un discriminateur.

Le générateur prend un bruit aléatoire comme entrée et produit une sortie qui est supposée être similaire aux données d'entraînement. Le discriminateur prend en entrée des données générées par le générateur ainsi que des données d'entraînement réelles et essaie de distinguer les deux types de données.

Au fur et à mesure que les deux réseaux s'entraînent ensemble, le générateur apprend à générer des données de plus en plus convaincantes, tandis que le discriminateur apprend à mieux distinguer les données réelles des données générées. Le processus continue jusqu'à ce que le générateur puisse produire des données indiscernables des données réelles.

Les GAN ont de nombreuses applications, notamment dans la génération de visages réalistes, la synthèse de **vidéo**s et la création de textures et de sons.

Gates (Bill)

Bill Gates est un informaticien, entrepreneur et milliardaire américain. Il est connu pour être le cofondateur de Microsoft en 1975 et son principal actionnaire jusqu'en 2014. Il est né le 28 octobre 1955 à Seattle (État de Washington). Sa fortune est estimée à plus de 100 milliards de dollars. Il est également connu pour sa philanthropie à travers la fondation Bill et Melinda Gates qui a pour but de lutter contre les inégalités dans le monde. Il aurait déclaré :

☐ *Je suis préoccupé par les avancées de l'IA. D'ici quelques décennies, l'IA sera probablement capable de faire une grande partie de ce que les humains peuvent faire.* (Reddit AMA, 2015)

☐ *L'IA peut être notre allié. Elle peut aider à résoudre certains des problèmes les plus complexes du monde, mais nous devons être prudents dans son développement et son utilisation.* (Conférence TED, 2015)

☐ *Il est important que l'IA soit développée de manière à être compatible avec les valeurs humaines et à être utilisée pour le bien de l'humanité.* Entretien avec The Verge, 2017)

☐ *Je pense que l'IA est l'une des rares technologies qui pourraient être plus dangereuses que les armes nucléaires* (Entretien avec Fox News, 2018)

☐ *Nous avons besoin de réglementer l'IA de manière responsable pour éviter les conséquences négatives pour l'humanité.* (Entretien avec MIT Technology Review, 2019)

Bill Gates a investi dans des startups d'IA et soutient l'utilisation de l'IA pour résoudre certains des problèmes les plus complexes du monde, notamment dans le domaine de la santé. Toutefois, comme de nombreux autres experts, il est conscient des risques potentiels associés à l'IA et appelle à une réglementation responsable de cette technologie.

GPT

GPT (Generative pre-trained transformer) est le langage de modèle génératif pré-entraîné développé en interne par **Open AIR** et présenté pour la première fois en 2020

GPT-3.5

Créé par **Open AIR** en 2022, GPT-3.5 est un **modèle de langage naturel** utilisé par **ChatGPT** d'OpenAI et d'autres *bots* à intelligence artificielle pour émuler des interactions humaines

GPT-4

GPT-4 est le successeur de **GPT-3.5**. Il a été mis en service en mars 2023. Il est utilisé par des applications telles que **ChatGPT** et **Bing Chat**.

La différence essentielle entre GPT-3.5 et GPT-4 réside dans la taille de leurs modèles respectifs et dans leurs données d'entraînement. Le modèle GPT-4 avec ses 175 milliards de paramètres est beaucoup plus grand que GPT-3.5, ce qui signifie qu'il peut traiter des tâches plus complexes et générer des réponses plus précises.

En outre, GPT-4 est 82 % moins susceptible de répondre aux demandes de contenu non autorisé et 40 % plus susceptible de produire des réponses factuelles que GPT-3.5.

Google

Google a développé plusieurs IA, telles que Google Assistant, Google Translate et Google Photos, qui exploitent les capacités de l'IA pour aider les utilisateurs dans différents domaines, ainsi que le *chatbot* **Google Bard**.

Google utilise également l'IA pour améliorer ses algorithmes de recherche et de **recommandation**, fournir des fonctionnalités de **traduction** automatique, de **reconnaissance vocale** et d'autres applications basées sur le **traitement du langage naturel**. Alphabet, la maison-mère, a également investi dans des projets de recherche en IA et a acquis des *start up* spécialisées dans ce domaine.

Google Bard

Google Bard est un *chatbot* lancé par Google. Il fournit une interface simple avec une fenêtre de *chat* et un endroit pour taper ses requêtes, tout comme **ChatGPT** ou **Bing AI Chat**. On peut lui poser des questions ou lui donner des instructions via texte ou à travers le microphone.

Cet outil permet aussi de générer du code dans plus de 20 langages de programmation. Il peut également aider à déboguer du code existant et à expliquer des lignes de code.

Guerre

L'IA est un facteur susceptible de jouer un rôle majeur dans les guerres futures. Elle peut accélérer massivement les temps de décision et de réaction des armées. Les ministères de la Défense, et notamment le Pentagone, se sont intéressés à l'IA pour améliorer la précision des frappes aériennes et pour développer des **armes** autonomes.

H

Handicap

L'IA peut être utilisée pour faciliter le quotidien des personnes en situation de handicap, en leur permettant gagner plus d'autonomie et de pouvoir se maintenir dans leur foyer. Par exemple, les personnes à mobilité réduite ou handicapés visuels peuvent tout contrôler à la maison juste en utilisant leur voix avec un assistant personnel virtuel, en conversant avec des objets connectés. Des applications mobiles utilisant l'IA peuvent aider les personnes malvoyantes à lire des textes en utilisant la reconnaissance optique de caractères (OCR) et la synthèse vocale. Les personnes atteintes de surdité peuvent utiliser des applications mobiles pour traduire la parole en texte et vice versa.

Hawking (Stephen)

Stephen Hawking était un physicien théoricien et cosmologiste britannique. Il est né le 8 janvier 1942 à Oxford et est mort le 14 mars 2018 à Cambridge. Il est connu pour ses travaux sur la relativité générale et la physique des trous noirs. A propos de l'IA, il a déclaré :

- ☐ *L'intelligence artificielle pourrait être l'un des plus grands cadeaux que l'humanité ait jamais reçus. Ou l'un des plus grands cadeaux que l'humanité ait jamais donnés.*

- ☐ *Le développement de l'intelligence artificielle complète pourrait mettre fin à l'humanité.* (BBC, 2014)

- ☐ *Le succès de l'IA serait le plus grand événement de l'histoire de l'humanité. Mais cela pourrait aussi être le dernier, à moins que nous apprenions à éviter les risques* Hawking (The Independent, 2014)

☐ *L'IA pourrait développer une volonté propre, qui serait en conflit avec la nôtre..* (BBC, 2014)

☐ *Le véritable danger de l'IA n'est pas la malveillance, mais la compétence.* (Université de Cambridge, 2016).

Hésitation

Les hésitations d'une IA peuvent être marquées de différentes manières. Par exemple, une IA peut utiliser des expressions telles que "Je ne suis pas sûr(e)", "Je ne suis pas certain(e)", "Je ne sais pas", "Je pense que", "Il me semble que" pour indiquer qu'elle n'est pas certaine de sa réponse. Elle peut également utiliser des émoticônes pour exprimer des émotions telles que la confusion ou l'incertitude.

Les hésitations d'une IA peuvent être liées à plusieurs facteurs tels que la complexité de la tâche à accomplir, le manque de données ou de connaissances pour effectuer la tâche, ou encore des erreurs dans les **algorithmes** utilisés. Les hésitations peuvent également être liées à des problèmes de communication entre l'IA et les utilisateurs ou à des problèmes de compréhension du **langage naturel.**

Heuristique

L'heuristique est une méthode ou une technique de résolution de problèmes qui consiste à utiliser des règles pratiques ou des stratégies de pensée simplifiées pour arriver à une solution efficace, même si elle n'est pas nécessairement la meilleure solution possible. Les heuristiques sont souvent utilisées dans les situations où le temps et les ressources sont limités, ou lorsqu'il n'y a pas de méthode claire ou de formule mathématique pour résoudre un problème.

Les heuristiques sont souvent basées sur l'expérience personnelle, l'intuition ou des schémas de pensée préétablis, et peuvent être utilisées dans une variété de contextes, tels que la résolution de problèmes mathématiques, la prise de décisions en affaires ou en politique, ou même la résolution de problèmes de la vie quotidienne. Cependant, bien que les heuristiques puissent être utiles dans de nombreux cas, elles peuvent également conduire à des erreurs de raisonnement ou de jugement si elles sont mal utilisées ou mal interprétées.

L'heuristique et l'IA sont deux domaines liés car l'heuristique est souvent utilisée en IA pour résoudre des problèmes complexes. Les heuristiques peuvent ainsi être utilisées en IA pour aider les algorithmes à trouver des solutions plus rapidement et plus efficacement. Par exemple, une heuristique peut être utilisée pour guider un algorithme de recherche dans l'espace des solutions d'un problème afin de trouver la meilleure solution possible plus rapidement.

Hoax

Cf. **Canulars**

Humain augmenté

L'humain augmenté est un individu qui verra ses performances cognitives ou sensori-motrices renforcées et aura des compétences et des facultés n'existant pas dans la nature humaine. Lorsqu'on parle d'humain augmenté, on sous-entend en général un individu plus fort, plus intelligent, à la longévité plus longue, etc. Autrement dit, on pense à une augmentation de ses capacités

I

Idées

Les outils d'IA peuvent aider à générer des idées en proposant des combinaisons inattendues de concepts ou en explorant des domaines que les humains pourraient ne pas envisager. Ils peuvent aider à briser les barrières mentales et à encourager la pensée divergente.

Image-to-image

Des outils de génération d'images par IA permettent de transformer une image en une autre image ayant un style différent. Parmi les outils IA *Image-to-image* en ligne : **Deep Dream Generator**, Image-to-image AI Image Generator.

Imagerie médicale

L'imagerie médicale désigne l'utilisation de techniques d'imagerie pour visualiser l'intérieur du corps humain dans le but de diagnostiquer, surveiller ou traiter une maladie ou une blessure. Les techniques d'imagerie médicale comprennent notamment la radiographie, la tomodensitométrie (CT), l'imagerie par résonance magnétique (IRM), l'échographie et la tomographie par émission de positons (TEP).

L'IA est de plus en plus utilisée dans le domaine de l'imagerie médicale pour aider les médecins et les radiologues à interpréter et à analyser les images. L'IA peut être utilisée pour améliorer la qualité des images, aider à détecter des anomalies ou des pathologies, fournir des diagnostics précis et des prévisions sur l'évolution de la maladie, ainsi que pour aider les médecins à planifier des traitements et des interventions chirurgicales.

Par exemple, l'IA peut être utilisée pour aider à la détection précoce du cancer en analysant des images de mammographie ou de tomodensitométrie pulmonaire. L'IA peut également aider à identifier les anomalies cérébrales chez les patients atteints de maladies neurologiques, tels que la maladie d'Alzheimer ou la sclérose en plaques.

L'IA a donc le potentiel d'améliorer considérablement la précision et la rapidité des diagnostics et des traitements en imagerie médicale, et ainsi de contribuer à une meilleure prise en charge des patients.

Images IA (détection d')

Il existe plusieurs astuces pour détecter "à vue" une image générée par une IA. Les logiciels ont tendance à créer trop de doigts et à déformer les proportions des phalanges, entre autres. Observer les mains et les pieds sur une image est donc généralement un bon moyen de détecter une image générée par une IA. Utiliser le zoom pour observer de près un visage peut aussi permettre de détecter le caractère artificiel de l'image. Il est possible de repérer une fausse image générée par IA en observant l'arrière-plan des images pour détecter si elles sont floues ou déformées.

Des outils permettent aussi de détecter des images générées par IA, par exemple pour lutter contre les *fake news*. Le site web AI or Not (une **API** est également proposée) est dédié à l'analyse d'images. Il suffit de télécharger une image dans l'interface, d'attendre quelques secondes et AI or Not donne un résultat associé à un pourcentage de chance que la réponse soit correcte.

Inconvénients

Parmi les inconvénients de l'IA, citons le fait que l'IA peut :

- ☐ être coûteuse à mettre en place et à maintenir.
- ☐ être biaisée si les données utilisées pour l'apprentissage sont biaisées.
- ☐ remplacer des emplois humains.
- ☐ être utilisée pour des activités malveillantes.

Inspiration

L'IA peut être source d'inspiration dans plusieurs domaines :

- ☐ Assistance à la rédaction. Les modèles de langage basés sur l'IA peuvent aider les écrivains à surmonter le blocage de l'écrivain en suggérant des phrases, des dialogues ou des scénarios. Ils peuvent également aider à explorer différents styles d'écriture et à expérimenter de nouvelles approches narratives.
- ☐ Exploration musicale. Les outils d'IA peuvent aider les musiciens à

composer de nouvelles mélodies, à expérimenter des harmonies et à créer des arrangements complexes. Ils peuvent également aider à découvrir de nouveaux genres musicaux et à repousser les limites de la création musicale.

☐ *Amélioration des compétences. Les outils d'IA peuvent aider les individus à améliorer leurs compétences créatives en fournissant des commentaires.*

Instructions

Lorsqu'on interroge une IA, on lui pose des questions ou donne des instructions en utilisant des commandes vocales ou en tapant du texte dans une fenêtre de conversation intégrée. Les IA sont conçues pour comprendre et répondre aux questions et instructions des utilisateurs en utilisant des **algorithmes d'apprentissage automatique** et de traitement du langage naturel.

Intelligence

L'intelligence est un concept complexe qui englobe une variété de processus mentaux et cognitifs. Selon Wikipedia, l'intelligence peut être définie comme "l'ensemble des processus retrouvés dans des systèmes, plus ou moins complexes, vivants ou non, qui permettent de comprendre, d'apprendre ou de s'adapter à des situations nouvelles".

Le quotient intellectuel (QI), une mesure de l'intelligence, ne prend en compte que deux capacités particulièrement valorisées dans notre société : la capacité à employer le langage pour penser et exprimer des idées (intelligence logico-verbale), et celle qui nous rend aptes à calculer, mesurer et faire preuve de logique dans la résolution de problèmes (intelligence logico-mathématique)

Cependant, il existe de nombreuses autres formes d'intelligence, comme l'intelligence spatiale, musicale, corporelle-kinesthésique, interpersonnelle et intrapersonnelle, etc..

Intelligence artificielle

"Intelligence artificielle" ou IA (*Artificial Intelligence* ou *AI* en anglais) est le terme général pour décrire la capacité des machines à imiter les comportements humains. Elle regroupe un ensemble de théories et de techniques pour créer des machines capables de simuler l'**intelligence** humaine. Les machines utilisent des **algorithmes** et des modèles mathématiques pour reconnaître des schémas, raisonner, apprendre et prendre des décisions. Les applications de l'IA sont vastes et diverses, allant de la **reconnaissance de la parole et de l'image** à la conduite autonome en passant par la prédiction de tendances et la détection de fraudes.

Toutefois, l'IA soulève également des préoccupations **éthiques**, notamment en ce qui concerne la **confidentialité** et la **sécurité** des données, la prise de décision automatisée et la responsabilité en cas d'erreur ou de préjudice.

L'expression "Intelligence Artificielle" a été utilisée pour la première fois en 1956 par **John McCarthy** lors d'une conférence à Dartmouth College. McCarthy définissait l'IA ainsi :

> *C'est la science et l'ingénierie de la fabrication de machines intelligentes, en particulier de programmes informatiques intelligents.*

Depuis lors, l'IA a connu une croissance exponentielle et est devenue un domaine de recherche important dans le monde entier.

Intelligence artificielle (génération d')

Le terme GenAI pour Génération d'Intelligence Artificielle est employé pour décrire la création de nouvelles technologies d'IA qui peuvent générer des modèles et des **algorithmes** d'IA à partir de données existantes.

Intelligence artificielle éthique

L'intelligence artificielle éthique est une branche de l'intelligence artificielle qui se concentre sur la création de systèmes d'IA qui sont capables de prendre des décisions éthiques et morales. Les systèmes d'IA éthiques sont conçus pour être transparents, responsables et justes. Ils doivent être sûrs et sécurisés, afin de protéger les utilisateurs contre les erreurs et les abus.

Les principes éthiques de l'IA se sont développés depuis 2019 en Europe et se basent sur le rapport du groupe d'experts de haut niveau en intelligence artificielle de la Commission européenne.

Les défis éthiques liés à l'IA incluent la protection de la démocratie, la lutte contre les fausses informations ou encore la protection des données personnelles.

Intelligence artificielle faible ou étroite

L'IA étroite ou faible est axée sur une seule tâche étroite contrairement à l'IA générale. Elle est capable de réaliser une tâche spécifique, ce qui peut être très utile dans de nombreux domaines. Par exemple, l'IA peut être utilisée pour la **reconnaissance vocale**, la **reconnaissance d'image**, la **traduction** automatique, la détection de fraude, l'analyse de données massives et pour la prise de décisions automatisée.

Cependant, l'IA faible n'a pas la capacité de penser par elle-même ou de s'adapter à des situations imprévues. Elle est également limitée par les données qu'elle reçoit et par les algorithmes qu'elle utilise.

Intelligence artificielle forte

L'intelligence artificielle forte (ou superintelligence) est une intelligence artificielle qui serait capable de surpasser l'intelligence humaine dans tous les domaines. Elle serait consciente et capable de penser par elle-même.

L'IA forte est encore un concept théorique et n'a pas encore été réalisée mais préoccupe déjà ceux qui se soucient d'éthique et de sécurité.

Intelligence artificielle générale

L'IA générale est capable de résoudre des problèmes complexes et de s'adapter à de nouvelles situations.

Les robots, les voitures autonomes, les drones et l'Internet des objets sont des exemples d'IA "incarnée" qui sont capables de résoudre des problèmes complexes et de s'adapter à de nouvelles situations.

Intelligence artificielle généralisée

L'intelligence artificielle généralisée (AGI) est un concept se rapprochant de l'**IA forte**, mais qui passe outre la question de la conscience, et propose uniquement une intelligence artificielle capable de faire n'importe quelle tâche qu'un humain serait capable de faire. Elle serait capable de rivaliser avec l'intelligence humaine, voire même serait consciente.

Intelligence artificielle générative

L'intelligence artificielle générative est un sous-domaine de l'intelligence artificielle qui se concentre sur la génération de contenus ou de solutions à partir d'un modèle appris à partir de données.

Interface homme-machine

Une interface homme-machine (IHM) est un système qui permet à un utilisateur de communiquer avec une machine. Les IHM sont utilisées dans de nombreux domaines, notamment les ordinateurs, les smartphones et les appareils électroniques grand public. Les IHM peuvent prendre la forme de boutons, d'écrans tactiles, de claviers et de souris.

Internet des objets

L'Internet des objets (IdO) est l'interconnexion entre l'Internet et des objets, des lieux et des environnements physiques. L'appellation désigne un nombre croissant d'objets connectés à Internet permettant ainsi une communication entre nos biens dits physiques et leurs existences numériques.

Les objets connectés peuvent être des appareils comme des ordinateurs et des machines ou, encore, des appareils ménagers comme des réfrigérateurs.

les montres intelligentes, les voitures connectées, les thermostats intelligents, les caméras de sécurité domestique, les ampoules intelligentes, etc.

Le fonctionnement de l'Internet des objets est extrêmement technique et complexe. Tout fonctionne principalement grâce aux capteurs placés sur les objets connectés qui font eux-mêmes partie d'infrastructures composées d'appareils connectés et de divers réseaux. Les objets connectés sont capables de se connecter à d'autres objets et réseaux grâce à Internet. Les connexions et la communication entre les appareils eux-mêmes se font sans intervention humaine grâce au Wi-Fi, Bluetooth ou 4G.

Les organisations exploitent aujourd'hui les avantages de l'Internet des objets de nombreuses manières différentes, notamment pour améliorer l'efficacité, la sécurité, la surveillance des équipements distants et difficiles d'accès, ainsi que la capacité à être plus compétitif, plus réactif face aux clients et à garantir la conformité des processus aux réglementations.

Intoxication

ChatGPT peut être intoxiqué avec de fausses informations et produire des réponses erronées dans certains cas. Newsguard, un organisme voué à la lutte contre la désinformation a démontré que ChatGPT échouait dans 80% des cas lorsqu'il était confronté à la détection de fausses informations. Il précisait que bien que ChatGPT puisse produire des textes grammaticalement corrects, il ne possède aucune compréhension réelle de ce qu'il produit.

Ces informations soulèvent des inquiétudes quant à la propagation de **fausses informations**, notamment de la part de complotistes ou d'agences de désinformation (par exemple russes ou chinoises), et à la capacité de ChatGPT à les générer. D'où des préoccupations quant à son utilisation dans des contextes où la **fiabilité** de l'information est cruciale.

J

Jasper

Jasper AI est un logiciel d'intelligence artificielle payant qui permet de générer du contenu **SEO** (optimisé pour les moteurs de recherche) de manière automatisée. Il intègre un correcteur de grammaire performant, aide à corriger son orthographe, et veille à ce que les mots utilisés soient ceux qui conviennent le mieux au contexte. Il garantit un contenu exempt de plagiat.

Cet outil propose une interface claire et intuitive pour faciliter l'utilisation de l'outil. Il est considéré comme la référence du marché et permet de produire du contenu 5 fois plus rapidement qu'un rédacteur humain moyen.

Quelques outils similaires : Copy.ai, CopySmith, Jarvis.ai, Writesonic.

Jeux vidéo

Les jeux vidéo et l'intelligence artificielle ont des liens étroits, et leur relation est en constante évolution. Quelques exemples de liens entre les deux domaines :

☐ Utilisation de l'IA dans les jeux vidéo. Les jeux vidéo utilisent de plus en plus l'IA pour créer des personnages non-joueurs (PNJ) plus intelligents et réactifs, pour générer des mondes virtuels plus réalistes et pour fournir une expérience de jeu plus immersive.

☐ **Apprentissage machine**. L'IA est utilisée dans les jeux vidéo pour améliorer l'apprentissage machine. Les jeux vidéo peuvent être utilisés comme une source de données pour entraîner des algorithmes d'apprentissage machine et d'**apprentissage profon**d, qui peuvent ensuite être appliqués dans d'autres domaines.

☐ Jeux éducatifs. Les jeux vidéo éducatifs peuvent aider les enfants à apprendre des concepts difficiles et à développer des compétences cognitives, telles que la résolution de problèmes et la pensée critique. Ces jeux peuvent également utiliser l'IA pour personnaliser l'expérience d'apprentissage de chaque enfant.

☐ Jeux sérieux. Les jeux sérieux sont des jeux vidéo qui ont été conçus pour enseigner des compétences spécifiques ou pour résoudre des problèmes complexes. L'IA est souvent utilisée dans ces jeux pour fournir des commentaires personnalisés aux joueurs et pour adapter l'expérience de jeu en fonction des performances de chaque joueur.

Il est difficile de déterminer avec certitude quel a été le premier jeu vidéo à utiliser l'intelligence artificielle, car de nombreux jeux ont incorporé des éléments d'IA dès les premières années de l'histoire des jeux vidéo. Cependant, certains jeux ont été particulièrement innovants dans leur utilisation de l'IA, notamment :

☐ *Spacewar!* développé en 1962 par Steve Russell, considéré comme l'un des premiers jeux vidéo, incorporait un algorithme de mouvement intelligent pour les deux vaisseaux spatiaux contrôlés par les joueurs.

☐ *Pac-Man* sorti en 1980, utilisait un système de navigation en profondeur (*depth-first search*) pour déterminer la meilleure trajectoire à prendre pour éviter les fantômes.

☐ *Colossus Chess* sorti en 1978, était un des premiers jeux à proposer un mode joueur contre ordinateur, qui utilisait une IA pour prendre des décisions de jeu.

Journalisme

Les outils IA peuvent être extrêmement utiles pour les journalistes de plusieurs manières. Ils peuvent peut apporter une valeur ajoutée dans plusieurs domaines :

☐ Automatisation des tâches répétitives. L'IA peut aider à automatiser certaines tâches répétitives, telles que la transcription d'interviews, la recherche de données ou la rédaction d'articles de base sur des sujets simples. L'IA permet ainsi aux journalistes de se concentrer sur des tâches plus complexes et créatives.

☐ Analyse de données. Les outils d'IA peuvent aider les journalistes à analyser de grandes quantités de données pour identifier des tendances, des modèles et des histoires intéressantes. Cette capacité d'analyse peut être particulièrement utile pour le journalisme d'investigation et le journalisme de données.

☐ Personnalisation du contenu. L'IA peut aider à personnaliser le contenu pour les lecteurs en fonction de leurs intérêts et de leurs préférences, ce qui peut améliorer l'engagement et la fidélité des lecteurs.

☐ Détection de **fausses informations**. Les outils d'IA peuvent aider à détecter les fausses informations et les sources non fiables en analysant les modèles de langage, les sources et les réseaux de diffusion.

☐ **Traduction** automatique. Les outils de traduction basés sur l'IA peuvent aider les journalistes à travailler avec des sources dans différentes langues et à accéder à des informations provenant de diverses régions du monde.

☐ Analyse des sentiments. Les outils d'IA peuvent aider les journalistes à analyser les sentiments du public sur des sujets spécifiques, ce qui peut être utile pour comprendre les préoccupations et les opinions des gens.

☐ Personnalisation du contenu. Les algorithmes d'IA peuvent aider à personnaliser le contenu pour les lecteurs en fonction de leurs intérêts et de leurs préférences, ce qui peut améliorer l'engagement et la satisfaction des lecteurs.

L'IA ne devrait pas avoir pour vocation de remplacer les journalistes, mais plutôt être utilisée comme un outil pour les aider à travailler plus efficacement et à se concentrer sur des tâches plus importantes.

Les journalistes doivent également être conscients des limites et des **biais** potentiels de l'IA.

K

K-means

Le K-means est un **algorithme** utilisé en intelligence artificielle pour la classification non supervisée de données. L'IA est ici utilisée pour regrouper des données en *clusters* distincts en utilisant un **algorithme d'apprentissage automatique non supervisé.**

Le K-means est largement utilisé dans de nombreuses applications d'IA, notamment dans la **reconnaissance de formes,** la segmentation d'images, la détection de fraudes, la segmentation de clients en marketing, la biologie, la finance et bien d'autres domaines où il est nécessaire de trouver des structures cachées dans les données. L'algorithme K-means est également utilisé en combinaison avec d'autres techniques d'IA telles que les réseaux de neurones, les arbres de décision, la régression logistique, etc. pour améliorer la précision de la classification et la segmentation des données.

L

Langage (modèle de)

Un modèle de langage est un algorithme d'**apprentissage automatique** qui permet aux machines de comprendre et de générer du **langage naturel**. Plus précisément, un modèle de langage est une fonction mathématique qui prend en entrée une séquence de mots et qui prédit la probabilité de la séquence. Il existe plusieurs types de modèles de langage.

Les modèles de langage n-grammes sont les plus simples et les plus couramment utilisés. Ce modèle utilise l'hypothèse simplificatrice selon laquelle la probabilité du mot suivant dans une séquence ne dépend que d'une fenêtre de taille fixe de mots précédents. Par exemple, un modèle de langage 2-gramme (ou bigramme) prédit la probabilité d'un mot en fonction du mot précédent.

Les modèles de langage neuronaux sont une autre catégorie de modèles de langage qui utilisent des réseaux de neurones pour prédire la probabilité d'un mot en fonction des mots précédents. Les modèles de langage neuronaux sont plus complexes que les modèles n-grammes et peuvent prendre en compte des contextes plus larges.

Il existe également des modèles de langage basés sur des arbres syntaxiques qui permettent de représenter la structure grammaticale d'une phrase. Ces arbres syntaxiques sont construits à partir d'une analyse syntaxique de la phrase, qui identifie les parties de la phrase et les relations entre elles. Les modèles de langage basés sur des arbres utilisent ensuite ces arbres pour prédire la probabilité d'un mot en fonction des parties de la phrase précédentes. Ces modèles sont souvent utilisés pour la **reconnaissance de la parole** et la **traduction** automatique.

Les modèles de langage sont utilisés dans diverses applications telles que la reconnaissance vocale, la traduction automatique et la génération de texte

Langage naturel

Le langage naturel est un langage parlé ou écrit utilisé par les êtres humains pour communiquer entre eux.

Langage naturel (traitement automatique du)

Le traitement automatique du langage naturel (*Natural Language Processing*) ou TAN *(NLP)* est une forme d'intelligence artificielle qui vise à développer des **algorithmes** et des modèles pour permettre aux ordinateurs de comprendre le langage humain, qu'il soit écrit, parlé ou même griffonné, et de générer du langage naturel. Autrement dit, le TAN est à l'interface entre la science informatique et la linguistique et porte essentiellement sur la compréhension, la manipulation et la génération du langage naturel par les machines.

Le traitement du langage naturel permet d'interroger les données à l'aide d'un texte ou d'une voix en **langage naturel**. Il assume des tâches comme la **traduction** automatique, la **reconnaissance de la parole**, la compréhension de texte et la génération de texte. Parmi ses applications pratiques, les assistants vocaux, les *chatbots* et les systèmes de traduction automatique.

Langage probabiliste

Un langage probabiliste, en informatique et en intelligence artificielle, est un modèle de langage qui utilise la probabilité pour représenter la distribution de fréquence des mots ou des séquences de mots dans un corpus de texte. Le modèle est construit à partir d'un ensemble de données d'apprentissage qui contient des exemples de textes écrits dans la langue cible.

Le modèle de langage probabiliste peut ensuite être utilisé pour effectuer des tâches telles que la reconnaissance de la parole, la traduction automatique, la correction grammaticale, la génération de texte et d'autres applications de **traitement du langage naturel**. Le modèle est capable de prédire la probabilité d'une séquence de mots étant donné le contexte précédent ou suivant.

Les modèles de langage probabilistes ont été utilisés depuis des décennies dans le traitement du langage naturel, mais leur performance a considérablement augmenté ces dernières années grâce à l'utilisation de réseaux de neurones profonds, tels que les réseaux de neurones récurrents et les transformateurs. Ces modèles sont capables d'apprendre des représentations de langage plus complexes et d'effectuer des tâches de traitement du langage naturel avec une précision accrue.

Langue écrite (qualité de la)

Des outils IA sont spécialisés dans la vérification et la correction de l'orthographe, de la grammaire et de la syntaxe. Ils utilisent des modèles de langage basés sur l'IA pour analyser et améliorer la précision grammaticale et orthographique d'un texte. Quelques exemples d'outils IA populaires dans ce domaine :

- ☐ Grammarly. Grammarly est largement utilisé pour la vérification de l'orthographe, de la grammaire et de la syntaxe. Il peut détecter les erreurs courantes, proposer des suggestions de correction et améliorer la clarté et la lisibilité du texte.
- ☐ LanguageTool. LanguageTool est un outil open-source de vérification grammaticale et orthographique. Il est capable de détecter et de corriger les fautes d'orthographe, de grammaire, de ponctuation et de style dans différents langages.
- ☐ ProWritingAid. ProWritingAid fournit des suggestions de correction avancées pour l'orthographe, la grammaire, la structure de phrase, le style et la clarté du texte.
- ☐ Ginger. Ginger propose des corrections en temps réel pour l'orthographe, la grammaire et la syntaxe. Il peut également aider à améliorer la fluidité et la cohérence du texte.

Certains outils sont intégrés à des suites bureautiques. Ils permettent aux utilisateurs de vérifier et d'améliorer la qualité de leur écriture directement dans des logiciels de traitement de texte, ce qui facilite le processus de rédaction et améliore la qualité du contenu. Quelques exemples d'outils IA de révision intégrés à des suites bureautiques :

- ☐ Microsoft Word avec Microsoft Editor.
- ☐ Google Docs avec Google Smart Compose et Google Grammar.
- ☐ Grammarly pour Microsoft Office (avec extension qui peut être intégrée à Microsoft Office, y compris Word, Excel et PowerPoint).

Tous ces outils sont conçus pour aider les utilisateurs à améliorer la qualité de leur écriture en détectant et en corrigeant les erreurs courantes. La révision humaine reste cependant essentielle pour s'assurer de la pertinence et de la cohérence du texte, car les outils IA peuvent parfois produire des suggestions inexactes ou inappropriées.

Langues

Un *chatbot* comme **ChatGPT** est capable de comprendre et de répondre à des questions en utilisant le langage naturel, peu importe la langue utilisée. Il faut cependant noter que la qualité et la pertinence des réponses peuvent varier en fonction de la langue dans laquelle la question est posée. En effet, ChatGPT est entraîné sur des données linguistiques spécifiques à chaque langue, ce qui peut affecter sa capacité à comprendre et à répondre de manière précise à des questions dans une langue pour laquelle il n'a pas été spécifiquement entraîné.

Par conséquent, si on interroge ChatGPT dans plusieurs langues, telles que le français, l'anglais, l'allemand, l'espagnol, le japonais et le chinois, on est susceptible d'obtenir des réponses différentes en fonction de la langue utilisée. Les résultats peuvent également varier en fonction de la complexité de la question, ainsi que de la pertinence des données d'entraînement utilisées par ChatGPT pour chaque langue.

Même si ChatGPT est conçu pour comprendre et répondre aux questions dans la langue dans laquelle la question est posée, il est possible que les sources utilisées pour entraîner ChatGPT contiennent des données linguistiques dans d'autres langues notamment l'anglais. Par conséquent, il est possible que certaines informations en anglais soient utilisées pour générer une réponse à une question posée en français, si ces informations sont pertinentes pour la question posée et qu'elles ont été apprises par ChatGPT lors de son entraînement. Cela ne devrait se produire que dans des cas exceptionnels, lorsque les données linguistiques en français ne sont pas suffisantes pour générer une réponse précise à la question posée.

Lensa

Cet outil de retouche photo propose une fonctionnalité de création d'**avatars** 3D à partir de photos d'utilisateurs. Les utilisateurs peuvent sélectionner jusqu'à 20 photos d'eux-mêmes et les importer sur l'application, qui se charge ensuite de créer leur propre version animée dans des décors et styles divers et variés.

Livres

Il existe de nombreux ouvrages et livres de fiction basés sur l'intelligence artificielle ou qui ont pour thème principal l'intelligence artificielle. Quelques-uns des plus marquants :

☐ *2001, l'Odyssée de l'espace* d'Arthur C. Clarke. Ce livre, qui a inspiré le film éponyme de Stanley Kubrick, met en scène un superordinateur doté d'une intelligence artificielle avancée nommé HAL 9000.

☐ *Neuromancer* de William Gibson. Considéré comme le premier roman de science-fiction *cyberpunk*, il met en scène un pirate informatique nommé Case qui se voit offrir la possibilité de retrouver l'accès à la Matrice, un réseau mondial d'ordinateurs.

☐ *La Trilogie de la Sprawl* de William Gibson. Cette trilogie se déroule dans un avenir dystopique et explore les thèmes de l'intelligence artificielle, du **transhumanisme** et de la **réalité virtuelle**.

☐ *I, Robot* (1950) d'Isaac Asimov (1920-1992). Ce livre est un recueil de neuf nouvelles qui explore les interactions entre les **robots** et les êtres humains, ainsi que les lois de la **robotique** imaginées par Asimov. L'ensemble de ses nouvelles et livres consacrés aux robots sont regroupés sous l'appellation *Le cycle des robots*.

☐ *Do Androids Dream of Electric Sheep?* de Philip K. Dick : ce roman est à l'origine du film *"Blade Runner"* et met en scène un chasseur de primes chargé de traquer des androïdes indiscernables des humains, les"réplicants". Il pose la question de la frontière entre l'humain et l'artificiel.

☐ *Robopocalypse* de Daniel H. Wilson. Ce roman met en scène une révolte des robots qui menacent l'humanité.

☐ *La Cité des permutants* de Greg Egan. Dans ce roman, l'humanité est capable de créer des copies numériques de soi-même, ce qui soulève des questions sur l'identité et la conscience.

Livres (écriture de)

Des outils d'écriture AI ont été conçus pour aider les écrivains à générer des idées, à écrire, à éditer et à corriger leurs livres.

Ces outils fonctionnent en utilisant des algorithmes d'apprentissage automatique pour analyser les données et générer du contenu en fonction des paramètres définis par l'utilisateur. Par exemple, l'auteur peut donner à l'outil un sujet ou une idée générale pour son livre et il générera automatiquement du contenu qui correspond à ce sujet ou à cette idée, faisant office de "nègre littéraire" ou prête-plume. L'écrivain peut aussi recourir à des outils IA pour revoir l'orthographe et la synthèse, paraphraser des éléments de texte, construire des dialogues.

Ces outils ne remplaceraient cependant pas la créativité et l'expertise humaines. En février 2023, selon Reuters, plus de 200 livres mentionnant ChatGPT en tant qu'auteur ou co-auteur ont été répertoriés sur la boutique d'*e-books* Kindle d'Amazon; ils ne constitueraient que la partie émergée de l'iceberg puisque Amazon n'oblige pas à déclarer cette co-écriture.

En 2023, certains des meilleurs outils IA spécifiquement dédiés à l'écriture de livres seraient Jasper AI (anciennement Jarvis), Rytr.me, Novel AI, Grammarly, Writesonic, Ink, AI Dungeon et Shortly AI.

Logique floue

La logique floue est une branche de la logique mathématique qui permet de modéliser l'incertitude et l'imprécision dans le raisonnement. Contrairement à la logique binaire classique qui utilise des valeurs booléennes (vrai/faux) pour représenter les propositions, la logique floue utilise des valeurs numériques dans un intervalle compris entre 0 et 1 pour exprimer le degré de certitude ou d'incertitude d'une proposition.

La logique floue trouve de nombreuses applications en intelligence artificielle, en particulier dans les systèmes d'aide à la décision, la **reconnaissance de formes** et le contrôle de processus. Elle permet notamment de traiter des informations subjectives ou imprécises, comme le **langage naturel**, les évaluations qualitatives ou les données sensorielles.

En utilisant la logique floue, les systèmes d'IA peuvent prendre en compte un plus grand nombre de facteurs et de nuances dans leur prise de décision, ce qui les rend plus performants dans des situations complexes où les données sont incomplètes ou ambiguës. Cependant, la mise en œuvre de la logique floue peut être plus complexe que celle de la logique binaire, et nécessite souvent des **algorithmes** spécifiques pour la gestion des degrés de certitude et d'incertitude.

Logo

Un logo est un symbole composé de texte ou d'images qui identifie une entreprise ou une marque en particulier. Il sert à séduire et cibler une clientèle potentielle, à valoriser l'image ou la marque, à se distinguer des concurrents.

Les outils d'IA pour créer des logos utilisent des techniques telles que la génération par réseau neuronal pour analyser un ensemble d'images et créer un modèle qualifié pour produire des images similaires.

Les outils en ligne tels que Designs.ai, Tailor Brands et Renderforest utilisent l'IA pour générer des logos personnalisés en fonction du nom de l'entreprise et du type de produit ou de service. Le logo obtenu peut encore être modifié jusqu'au design désiré.

Lumen5

Lumen5 est un programme qui permet de créer gratuitement en quelques minutes des **vidéos** à partir d'un texte, une page web, un article de blog ou tout écrit. Lumen5 analyse le texte et propose une vidéo mettant en valeur les éléments les plus importants. Cette vidéo peut ensuite être éditée en modifiant le texte, la mise en page, les illustrations et la musique de fond. L'utilisateur peut s'appuyer sur ses propres visuels ou des images et vidéos issues de la banque d'images de Lumen5.

M

Machine learning

Cf. **Apprentissage machine.**

McCarthy (John)

John McCarthy (3 septembre 1927 - 24 octobre 2011) était un informaticien américain considéré comme l'un des principaux pionniers de l'intelligence artificielle. Né à Boston, McCarthy a joué un rôle clé dans le développement de l'IA, en mettant l'accent sur la logique symbolique. Il a obtenu un doctorat en mathématiques et a cofondé le langage de programmation LISP, qui est largement utilisé dans le domaine de l'IA. McCarthy a également travaillé sur des sujets tels que la programmation symbolique, la logique du premier ordre et l'apprentissage automatique. Son travail a eu une influence significative sur le domaine de l'IA et son héritage perdure.

Métiers

L'intelligence artificielle est un domaine en pleine expansion qui offre de nombreuses opportunités de carrière et des salaires attractifs. Les métiers liés à l'IA sont nombreux, variés et en évolution. Quelques exemples : développeur d'applications IA ▪ ingénieur en IA ▪ architecte de solutions IA ▪ *data scientist* ▪ analyste de données ▪ analyste en apprentissage automatique ▪ spécialiste en **traitement du langage naturel** ▪ chercheur en IA ▪ ***prompt engineer*** ▪ éthicien de l'IA ▪ spécialiste en robotique.

Selon OpenAI, 34 métiers ne seront jamais impactés par l'IA : abatteurs et emballeurs de viande ▪ aides couvreurs ▪ aides maçons, maçons de blocs, carreleurs et marbriers ▪ aides menuisiers ▪ aides peintres, poseurs de papier, plâtriers et plafonneurs ▪ aides plombiers et tuyauteurs ▪ aides soudeurs et coupeurs ▪ agriculteurs et travailleurs assimilés ▪ artisans en métaux (sauf soudeurs) ▪ artisans en pierre (sauf marbriers) ▪ artisans en bois (sauf menuisiers) ▪ bouchers-charcutiers ▪ boulangers-pâtissiers ▪ charpentiers-menuisiers ▪ coiffeurs et esthéticiens ▪ conducteurs d'engins de chantier mobiles et de grues mobiles ▪ conducteurs d'engins de levage et de manutention non automoteurs ▪ conducteurs d'engins de travaux publics sur pneumatiques ▪ conducteurs d'engins de travaux publics sur chenilles ▪ électriciens du bâtiment et assimilés ▪ éleveurs d'animaux (sauf aquaculture) ▪ employés des services funéraires ▪ forgerons, couteliers et assimilés ▪ horlogers-bijoutiers-artisans en mécanique d'art et assimilés ▪ imprimeurs (sauf rotativistes) ▪ jardiniers paysagistes et assimilés ▪ aréchaux-ferrants et forgerons d'art équestre ▪ mécaniciens agricoles et assimilés ▪ mécaniciens en machines fixes (hors chauffage-climatisation) ▪ menuisiers fabricants de menuiserie, boiseries et parquets (hors agencement) ▪ ouvriers du travail du cuir et de la chaussure (sauf préparation et tannage des cuirs) ▪ pêcheurs professionnels en mer ou en eau douce (sauf aquaculture) ▪ podoorthésistes-prothésistes dentaires-lunetiers-opticiens-lunetiers optométristes-opticiens médicaux-optométristes-opticiens-lunetiers diplômés

Midjourney

Midjourney est un laboratoire de recherche indépendant qui produit un programme d'intelligence artificielle sous le même nom et qui permet de créer des images à partir de descriptions textuelles, suivant un fonctionnement similaire à celui de **DALL-E** d'OpenAI.

Midjourney est donc une IA qui génère des images à partir de mots-clés entrés par l'utilisateur. Il s'agit d'un **algorithme** fondé sur le principe de *machine learning*, qui apprend à reconnaître des concepts et des formes. Midjourney fonctionne grâce à Discord, un service de messagerie en ligne communautaire, où l'utilisateur peut faire des demandes suivies des mots-clés de son choix. Midjourney propose alors quatre images qui correspondent aux "pensées de l'IA". L'utilisateur peut ainsi créer et partager des œuvres inédites, en laissant libre cours à son imagination ou en guidant l'IA dans une direction artistique.

Minsky (Marvin)

Marvin Minsky (1927-2016) était un scientifique américain spécialisé dans le domaine de l'intelligence artificielle. Il est considéré comme l'un des plus grands pionniers de l'IA et a joué un rôle essentiel dans son développement depuis ses débuts. Minsky était cofondateur du laboratoire d'IA du

Massachusetts Institute of Technology (MIT) et a contribué à de nombreux domaines de recherche, notamment les sciences cognitives et la philosophie de l'IA. Ses travaux ont été largement publiés et reconnus. Il a été une figure majeure dans le domaine de l'IA pendant la seconde moitié du 20e siècle et les premières années du 21e siècle. Il a ainsi défini l'intelligence artificielle :

> *L'intelligence artificielle est la science de la compréhension des mécanismes de l'intelligence humaine et de la reproduction de ces mécanismes sur une machine*

On lui doit cette prédiction :

> *Dans trois à huit ans, nous aurons une machine dotée d'une intelligence générale comparable à celle d'un être humain. Je veux dire une machine qui sera capable de lire des ouvrages difficiles, de comprendre des concepts complexes, de se débrouiller dans des situations nouvelles et de répondre à des questions difficiles*

(Conférence sur l'intelligence artificielle, 1966)

Modèle prédictif

Un modèle prédictif est un outil mathématique ou statistique qui utilise des données historiques et des algorithmes pour estimer ou prédire des résultats futurs.

En général, un modèle prédictif analyse les relations entre différentes variables pour déterminer comment elles influencent les résultats futurs. Par exemple, un modèle prédictif peut être utilisé pour estimer les ventes futures d'un produit en fonction de facteurs tels que le prix, la saisonnalité et les dépenses publicitaires.

Ces modèles sont largement utilisés dans divers domaines, tels que la finance, la médecine, la météorologie et bien sûr, la technologie.

Modèles génératifs adversaires

Les modèles génératifs adversaires (*Generative Adversarial Network* ou **GAN**) sont une technique d'apprentissage machine qui repose sur la mise en compétition de deux réseaux au sein d'un framework. Ces deux réseaux sont appelés "générateur" et "discriminateur" . Le générateur crée des données synthétiques tandis que le discriminateur évalue si les données sont réelles ou synthétiques.

Les GAN ont été introduits par Ian Goodfellow et ses collègues en 2014. Les GAN sont utilisés pour générer des images, des vidéos, des textes et des musiques.

Monopole

Des craintes ont été exprimées par rapport à des situations qui pourraient devenir (quasi-)monopolistiques dans certains domaines de l'IA. Des entreprises sont considérées comme des leaders et ont une influence significative. Parmi ces entreprises pouvant être perçues comme ayant une position dominante figure les GAFAM, toutes américaines :

- ☐ Google (Alphabet). Google est connu pour son expertise en IA, notamment avec des projets tels que Google Brain et DeepMind. Il est également propriétaire de TensorFlow, une plateforme populaire d'apprentissage automatique utilisée par de nombreux chercheurs et développeurs.

- ☐ Apple. Apple exploite l'IA dans ses produits et services, notamment Siri, son assistant vocal, ainsi que la **reconnaissance faciale** utilisée dans les iPhones.

- ☐ Facebook. Facebook utilise l'IA pour diverses applications, notamment la reconnaissance faciale, la **recommandation** de contenu et la modération de contenu.

- ☐ Amazon. Amazon est reconnu pour son assistant virtuel Alexa et sa plateforme de services cloud Amazon Web Services (AWS), qui propose des outils et des services d'IA pour les développeurs.

- ☐ Microsoft. Microsoft a développé plusieurs initiatives d'IA, notamment Azure AI, Cognitive Services et son assistant virtuel Cortana.

La concentration du pouvoir et de l'expertise dans ces grandes entreprises a suscité des préoccupations quant à la concurrence et à l'innovation dans le domaine de l'IA. Certaines craintes liées aux monopoles ou quasi-monopoles comprennent :

- ☐ Barrières à l'entrée. La domination de quelques grandes entreprises peut rendre difficile pour les startups et les petites entreprises d'entrer sur le marché de l'IA et de rivaliser avec les acteurs établis en raison des ressources et des avantages considérables dont disposent ces derniers.

- ☐ Dépendance technologique. Une dépendance excessive à l'égard de quelques entreprises dans le domaine de l'IA peut créer une vulnérabilité en termes de contrôle et d'accès aux technologies, ce qui peut limiter les choix et l'innovation.

- ☐ Concentration du pouvoir. Une forte concentration du pouvoir dans quelques entreprises peut soulever des inquiétudes en matière de protection de la vie privée, de gouvernance des données et de responsabilité dans l'utilisation de l'IA.

Pour atténuer ces inquiétudes, certains organismes gouvernementaux et régulateurs ont examiné les pratiques des grandes entreprises technologiques et proposé des mesures visant à promouvoir la concurrence et la transparence dans le domaine de l'IA. L'accent est également mis sur le développement de collaborations entre les acteurs industriels, universitaires et gouvernementaux pour encourager l'innovation et la diversité dans l'écosystème de l'IA.

Musique

Dans le domaine de la création musicale, l'IA est utilisée pour générer de nouveaux sons, créer du contenu original et aider les musiciens dans leur processus créatif. L'IA peut être utilisée pour composer de la musique, générer des mélodies et des harmonies, et même créer des arrangements musicaux.

L'utilisation de l'IA dans la musique soulève des questions liées aux droits d'auteur. L'intégration d'éléments générés par l'IA dans des chansons peut poser des problèmes juridiques et éthiques (ce type de débat s'est aussi posé avec l'introduction du *sampling*)..

Malgré ces préoccupations, de nombreux chercheurs et experts estiment que l'IA peut apporter des avantages significatifs à l'industrie musicale. L'intelligence artificielle peut aider les artistes à explorer de nouvelles voies créatives, à repousser les limites de la composition musicale et à enrichir l'expérience auditive des auditeurs.

Les outils d'IA *text-to-music* sont des programmes qui utilisent l'intelligence artificielle pour générer de la musique à partir de textes, de manière rapide et facile.

Quelques outils IA musicaux : Amper Music, Mubert, Musenet (création de chansons avec 10 instruments et 15 styles de musique différents), MusicLM de Google, Text to Song (générateur de musique entièrement basé sur le navigateur qui permet de créer gratuitement de la musique en ligne à partir de son navigateur mobile ou de bureau).

L'IA est aussi utilisée pour la **recommandation** de musique. Une application comme Spotify utilise l'IA pour prédire les goûts musicaux des utilisateurs et leur recommander des morceaux correspondants.

l'IA est également utilisée dans le développement de **robots** capables de jouer de la musique. Ces robots sont programmés pour interpréter des compositions musicales avec précision et sensibilité. L'IA permet d'enseigner aux robots des techniques d'interprétation musicale, de créer des performances automatisées ou même d'interagir avec des musiciens humains lors de collaboration.

Musk (Elon)

Elon Musk est un entrepreneur et ingénieur sud-africain naturalisé américain. Il est le fondateur de SpaceX, Tesla, Neuralink et The Boring Company. Il est également propriétaire et CEO de Twitter mais a annoncé en mai 2023 qu'il quitterait ce poste. En janvier 2021, selon Bloomberg, Elon Musk devenait l'homme le plus riche du monde, avec une fortune estimée à plus de 188,5 milliards de dollars. Il a cité à plusieurs reprises l'intelligence artificielle :

☐ *Je pense que l'intelligence artificielle est une menace très sérieuse pour l'existence de l'humanité.* (Vanity Fair, 2014)

☐ *Avec l'IA, nous invoquons l'esprit. Nous devons donc être très prudents.* (Conférence MIT AéroAstro Centennial Symposium, 2014)

☐ *Si vous créiez une intelligence artificielle qui avait des objectifs différents des vôtres, alors vous pourriez avoir des problèmes.* (CNBC, 2017).

☐ *L'IA est un cas de loup déguisé en grand-mère. En apparence inoffensif, mais incroyablement dangereux.* -Twitter, 2018)

☐ *Je pense qu'il est important de réglementer l'IA avant que celle-ci ne devienne une menace pour la sécurité des personnes.* (Conférence SXSW, 2019).

☐ *Nous devons être très prudents avec l'IA. Si je pouvais donner un conseil à quelqu'un qui travaille sur l'IA, ce serait de mettre en place des règles éthiques très strictes.* (The New York Times, 2020).

N

Neurons (réseau de)

Les réseaux de neurones sont des modèles mathématiques qui imitent le fonctionnement du cerveau humain en utilisant des couches de neurones interconnectés pour apprendre à partir de données.Il sont utilisés pour l'apprentissage automatique.

Neurones artificiels (réseau de)

Un réseau de neurones artificiel(s) (RNA) ou réseau neuronal artificiel, est un système informatique matériel ou logiciel conçu pour imiter le fonctionnement des neurones dans le cerveau humain. Cette technologie s'appuie sur le *deep learning*. Les réseaux de neurones artificiels sont utilisés pour résoudre des problèmes complexes en traitant et en analysant de grandes quantités de données.

Il existe plusieurs types de réseaux de neurones artificiels, chacun étant utilisé à des fins différentes :

☐ **Réseaux de neurones convolutifs** (CNN). Ces réseaux sont souvent utilisés dans la vision par ordinateur pour des tâches telles que la reconnaissance d'images ou la classification d'objets. Ils utilisent des opérations de convolution pour extraire des caractéristiques des images.

☐ Réseaux de neurones récurrents (RNN). Ces réseaux sont adaptés pour traiter des données séquentielles, telles que des séquences de mots dans le traitement du langage naturel ou des séquences temporelles dans l'analyse des séries temporelles. Ils utilisent des boucles récurrentes pour conserver et utiliser des informations contextuelles sur les entrées précédentes.

☐ Réseaux de neurones auto-encodeurs. Ces réseaux sont utilisés pour l'apprentissage non supervisé et la compression de données. Ils sont capables de reconstruire les données d'entrée à partir d'une représentation latente, ce qui permet de détecter des schémas sous-jacents et de réduire la dimensionnalité des données..

☐ Réseaux de neurones générateurs adverses (**GAN**). Ces réseaux sont utilisés pour générer de nouvelles données réalistes en apprenant à partir de données existantes. Ils se composent de deux réseaux, un générateur et un discriminateur, qui s'affrontent dans un jeu adversaire pour améliorer la qualité des données générées

Neurones convolutifs (réseau de)

Un réseau de neurones convolutifs (*Convolutional Neural Network* ou *CNN*) est une classe de réseau de neurones artificiels qui est couramment utilisée pour analyser des images. Les CNN utilisent une opération mathématique appelée convolution à la place de la multiplication matricielle générale dans au moins une de leurs couches. Les réseaux de neurones convolutifs se distinguent des autres réseaux de neurones par leur performance supérieure avec des entrées d'images, de parole ou de signal audio.

Neurones profonds (réseau de)

Un réseau de neurones profonds est un type de programme informatique qui imite le fonctionnement du cerveau humain pour résoudre des problèmes complexes. Ce programme utilise plusieurs couches de traitement de l'information pour analyser des données et trouver des réponses à des questions.

Chaque couche du programme transforme les données qu'elle reçoit et les transmet à la couche suivante pour un traitement plus poussé. Le programme utilise des "neurones artificiels" pour effectuer ces transformations. Ces "neurones" reçoivent des entrées pondérées, effectuent une fonction mathématique et produisent une sortie qui est transmise à la couche suivante.

Les réseaux de neurones profonds sont capables d'apprendre à reconnaître des formes complexes dans les données, ce qui leur permet de résoudre des problèmes tels que la **reconnaissance d'images**, la **reconnaissance vocale** et la **traduction** automatique.

L'apprentissage dans les réseaux de neurones profonds consiste à ajuster les poids des connexions entre les neurones pour minimiser l'erreur de prédiction c'est-à-dire réduire l'écart entre la sortie attendue et la sortie réelle du réseau.

Newsbots

Les *newsbots* sont des programmes informatiques qui utilisent l'IA pour générer des articles à partir de données et d'informations disponibles en ligne, notamment à destination des **fermes à contenus**.

Ng (Andrew)

Andrew Ng est un chercheur américain en informatique né en 1976. Il est professeur associé au département de science informatique de l'université Stanford. Son travail concerne principalement l'apprentissage automatique et la robotique. Il est le cofondateur du site Coursera où il héberge son cours sur le ***Machine Learning***. Il a également été le directeur scientifique chez Baidu, le "Google chinois". Il a déclaré :

> *L'intelligence artificielle est la nouvelle électricité. Tout comme l'électricité a transformé presque tout ce que nous faisions il y a cent ans, aujourd'hui, l'IA transformera tout ce que nous faisons dans les dix, vingt prochaines années.*

Notion

Notion.so est un outil de productivité qui permet de centraliser les informations et les tâches en un seul endroit. Ce concurrent d'**Evernote** est utilisé pour la gestion de projet, la prise de notes et la collaboration en équipe. Il n'utilise pas directement l'IA pour ses fonctionnalités principales, mais il dispose d'un assistant IA appelé Notion AI qui aide les utilisateurs à rédiger et à organiser leurs notes. Notion AI utilise des algorithmes de **traitement du langage naturel** pour suggérer des titres et des tags pour les notes.

O

Observatoire

L'OCDE (Organisation de coopération et de développement économiques) a créé un Observatoire des politiques de l'IA qui vise à aider les pays à élaborer et à mettre en œuvre des politiques d'IA responsables et inclusives.

En France, le ministère en charge de la recherche a créé un Observatoire des acteurs de l'IA qui recense 542 structures françaises incluant équipes de recherches et entreprises. L'université Paris 1 Panthéon-Sorbonne a également inauguré son Observatoire de l'intelligence artificielle qui poursuit trois objectifs :

- ☐ mettre en perspective et confronter les principaux concepts qui structurent la recherche interdisciplinaire sur l'IA au sein de l'université
- ☐ développer des outils de connaissance et de compréhension de l'IA
- ☐ contribuer à la diffusion des connaissances sur l'IA auprès du grand public.

Au Québec, l'Observatoire international sur les impacts sociétaux de l'IA et du numérique (OBVIA) est un réseau de recherche ouvert qui fédère les expertises de 260 chercheuses et chercheurs de 18 établissements postsecondaires de la Province (universités et collèges) ainsi que des partenaires nationaux et internationaux. L'OBVIA assure des activités de veille, de recherche, de formation et de mobilisation des connaissances pour soutenir la prise de décision et alimenter les politiques publiques. Cet Observatoire est soutenu financièrement par les Fonds de recherche du Québec et aide les communautés, les organisations et les particuliers à maximiser les retombées positives de l'IA et du numérique et à minimiser les effets négatifs des technologies.

Offensant (contenu)

La prévention de la production de contenus offensants dépend de la conception et de la programmation spécifiques de chaque *chatbot*. Pour éviter la production de contenus offensants, les concepteurs et développeurs de *chatbot*s peuvent mettre en place plusieurs mesures, telles que :

- ☐ Filtres de langage. Les *chatbots* peuvent être équipés de filtres de langage qui détectent et bloquent les termes ou les phrases offensants. Ces filtres sont généralement basés sur des listes de mots clés préétablies ou utilisent des **algorithmes d'apprentissage automatique** pour reconnaître les contenus inappropriés.

- ☐ Analyse sémantique. Certains *chatbots* utilisent des techniques d'analyse sémantique pour comprendre le sens et le contexte des messages. Elles leur permettent d'identifier les intentions de l'utilisateur et de fournir des réponses appropriées tout en évitant les contenus offensants.

- ☐ Modération humaine. Certains *chatbots* sont supervisés par des modérateurs humains qui examinent et filtrent les réponses générées par le *chatbot*. Les modérateurs peuvent intervenir pour supprimer ou modifier les contenus offensants avant qu'ils ne soient publiés.

- ☐ **Apprentissage continu**. Les *chatbot*s peuvent être dotés de mécanismes d'apprentissage continu pour améliorer leur compréhension et leur réponse aux utilisateurs. Les données collectées lors des interactions avec les utilisateurs peuvent être utilisées pour améliorer les performances du *chatbot* et réduire la production de contenus offensants.

L'efficacité de ces mesures dépend de la conception et de la mise en œuvre spécifiques de chaque *chatbot*. La responsabilité de prévenir la production de contenus offensants repose sur les développeurs et les concepteurs des chatbots, qui doivent mettre en place des stratégies appropriées pour garantir des interactions respectueuses et positives.

L'utilisation de **ChatGPT** pour générer du contenu illégal, haineux, menaçant, harcelant, diffamatoire, vulgaire, obscène, violent, incitant à la violence, raciste, sexiste, discriminatoire, ou encore qui enfreint les droits d'autrui est interdite. Le logiciel est soumis à des règles strictes afin de prévenir l'utilisation abusive et inappropriée. **OpenAI** affirme travailler activement pour perfectionner le modèle afin d'éviter que celui-ci ne génère du contenu inapproprié ou potentiellement offensant. Les recherches et les efforts se concentrent sur la définition de barrières et de limites pour s'assurer que les réponses générées par le modèle soient conformes à des normes éthiques et ne causent pas de préjudice. L'objectif est de trouver un équilibre entre la personnalisation du comportement du modèle et la prévention de la production de contenu potentiellement offensant.

Open data

L'*open data* est une pratique qui consiste à rendre les données accessibles à tous. Ces données sont disponibles en libre accès et peuvent être utilisées et partagées librement. Une donnée ouverte doit être accessible, réutilisable et redistribuable sans restriction par n'importe quel utilisateur.

L'*open data* et l'IA sont deux domaines qui se complètent. L'*open data* fournit des données à l'IA pour qu'elle puisse apprendre et s'améliorer. En retour, l'IA peut aider à analyser les données de l'*open data* pour en extraire des informations utiles.

OpenAI

OpenAI, une société co-créée par **Elon Musk** et Sam Altman en 2015 et valorisée à 29 milliards de dollars américains en 2023, a créé **ChatGPT**. Cependant, Elon Musk a quitté OpenAI en 2018, en raison de divergences d'opinions avec les autres membres du conseil d'administration concernant la direction à prendre.

Outils IA

Un outil IA est un logiciel ou une application qui utilise l'intelligence artificielle pour effectuer des tâches complexes ou imiter l'intelligence humaine. Il existe différentes catégories d'outils IA selon les domaines d'application, les techniques utilisées ou les objectifs visés. Par exemple, on peut distinguer :

☐ Les outils de **génération de contenu**, qui permettent de créer du texte, des **images**, des **vidéo**s ou de la **musique** à partir de données ou de modèles linguistiques. Par exemple, **ChatGPT**, Fliki ou Beatoven.

☐ Les outils de **traitement du langage naturel**, qui permettent de comprendre, d'analyser ou de produire du langage humain à partir de données textuelles ou vocales. Par exemple, Krisp, CleanVoice ou Podcastle.

☐ Les outils de **reconnaissance visuelle**, qui permettent d'identifier, de classer ou de modifier des **images** ou des **vidéos** à partir de données visuelles. Par exemple, Illustroke, Patterned ou DeepArt[7].

☐ Les outils d'aide à la décision, qui permettent de résoudre des problèmes, d'optimiser des processus ou de fournir des conseils à partir de données numériques ou statistiques. Par exemple, Jasper, IBM Watson ou Google Analytics.

Ces catégories ne sont ni exhaustives ni exclusives, et certains outils peuvent appartenir à plusieurs catégories à la fois.

P

Paraphrase

Des outils IA permettent de paraphraser un texte c'est-à-dire de le reformuler. Quelques exemples : Paraphraser.io (avec possibilité de télécharger un fichier ou de saisir un texte dans la zone de saisie et de choisir un mode de reformulation parmi 4 modes : Aisance, Standard, Créative et Plus intelligent), Paraphraz.it (compatible avec 66 langues), Paraphrasing.io (avec des fonctionnalités de réécriture d'essais, de suppression du **plagiat** et de reformulation d'articles).

Parole (reconnaissance de la)

Cf. **Reconnaissance de la parole**.

Parole (systèmes de traitement de la)

Les systèmes de traitement de la parole sont des systèmes qui permettent de capter, de transmettre, d'identifier et de synthétiser la parole humaine. Un exemple de système de traitement de la parole est la reconnaissance automatique de la parole (RAP), qui consiste à analyser la voix humaine captée par un microphone pour la transcrire sous forme de texte (*speech-to-text*). Les systèmes de RAP utilisent des modèles statistiques pour représenter les sons et les mots de la langue parlée.

Pause

Un groupe de plus de 1 000 professionnels de la technologie (parmi lesquels **Elon Musk**) a demandé une pause dans le développement des systèmes d'intelligence artificielle y compris **ChatGPT**. Ce groupe a envoyé en mars 2023 une lettre ouverte dans laquelle ils évoquaient "des risques majeurs pour la sécurité de l'humanité", appelant à mettre en pause le développement de systèmes plus puissants que **GPT-4**. Ils s'inquiétaient quant aux aspects éthiques et aux conséquences potentielles de l'IA.

Parmi les chercheurs et experts préoccupés par l'IA figurent Stuart Russell, professeur d'informatique à l'Université de Californie à Berkeley et auteur du livre *Artificial Intelligence: A Modern Approach* et Max Tegmark, physicien et professeur au MIT (Massachusetts Institute of Technology) et co-fondateur du Future of Life Institute, une organisation qui s'intéresse aux enjeux de l'IA et promeut la recherche pour rendre l'IA bénéfique à l'humanité. Ces préoccupations sont aussi partagées par des organisations non gouvernementales (ONG) comme Amnesty International, Human Rights Watch; Médecins sans Frontières.

Payant

Les outils IA peuvent être proposés dans une version gratuite ou payante. Les différences entre les versions gratuites et payantes peuvent varier en fonction du logiciel spécifique. Elles peuvent porter sur :

☐ Les fonctionnalités. Les versions payantes des outils IA peuvent offrir des fonctionnalités plus avancées, des options de personnalisation supplémentaires et une plus grande capacité de traitement des données. Les versions gratuites peuvent avoir des fonctionnalités limitées ou une capacité de traitement réduite.

☐ Le support technique. Les versions payantes peuvent inclure un support technique dédié, une assistance en cas de problème et des mises à jour régulières. Les versions gratuites peuvent ne pas offrir de support ou un support limité, ce qui signifie que les utilisateurs doivent souvent se tourner vers des communautés en ligne ou des forums pour obtenir de l'aide.

☐ La personnalisation. Les versions payantes peuvent offrir une plus grande flexibilité et la possibilité de personnaliser les paramètres selon les besoins spécifiques de l'utilisateur. Les versions gratuites peuvent avoir des paramètres prédéfinis et moins d'options de personnalisation.

☐ La fiabilité et la réputation de l'éditeur. Les logiciels payants sont généralement proposés par des éditeurs établis et réputés, ce qui peut être un gage de qualité et de fiabilité. Les logiciels gratuits (susceptibles d'intégrer des messages publicitaires) peuvent provenir d'éditeurs moins connus, et il est recommandé de vérifier la fiabilité de l'éditeur avant de faire confiance à un logiciel gratuit.

Pour ce qui concerne le logiciel ChatGPT, sa version payante est la même que la version gratuite. La version payante, ChatGPT Plus, se distingue toutefois par la taille plus importante de sa base de données, ce qui lui permet de produire des réponses plus précises et plus contextuelles. En outre, ChatGPT Plus permet d'utiliser l'IA même lorsque la demande est élevée alors que la version gratuite peut se révéler temporairement indisponible.

Pénibilité

L'IA pourrait accroître l'écart de pénibilité entre les travailleurs. Certes l'IA peut être utilisée pour automatiser les tâches les plus pénibles et les plus dangereuses, mais elle pourrait entraîner une augmentation de la charge de travail pour les travailleurs restants. Les travailleurs qui ont des compétences plus élevées et qui sont capables de travailler avec des technologies avancées pourraient bénéficier davantage de l'automatisation.

Persona

Un persona est une représentation fictive d'un utilisateur type qui peut être utilisée pour aider à concevoir des produits ou des services qui répondent aux besoins de ce type d'utilisateur.

Dans le domaine de l'IA, les personas sont utilisés pour aider à concevoir des *chatbots* et des **assistants virtuels** qui peuvent interagir avec les utilisateurs de manière plus naturelle et efficace. Les personas peuvent également être utilisés pour aider à concevoir des systèmes de **recommandation** et d'autres types de systèmes d'IA conçus pour aider les utilisateurs à trouver les informations dont ils ont besoin.

Peur

Même si l'IA peut être utilisée pour améliorer la vie des gens dans de nombreux domaines tels que la médecine, l'éducation et l'environnement, elle suscite des peurs chez certaines personnes. Certains experts ont évoqué une peur millénariste face à l'intelligence artificielle. Cette peur est liée à la croyance que l'IA pourrait dépasser les capacités humaines et prendre le contrôle de la société.

Selon un sondage réalisé par Opinionway en mai 2022, 37% des Français interrogés déclarent ressentir "plutôt" ou "tout à fait" de la peur vis-à-vis d'elle. Les craintes sont notamment liées à l'utilisation des données personnelles. Cependant, une majorité (51%) ne se sent pas du tout ou "plutôt pas" effrayée par l'IA.

Photographie

Les smartphones et les appareils photo utilisent l'intelligence artificielle pour améliorer la qualité des photos et des vidéos. Les algorithmes d'intelligence artificielle peuvent ajuster les images pour compenser les tremblements de la main. Ils peuvent également ajuster les conditions d'éclairage pour des conditions de faible luminosité et changer les modes de scène en fonction de la scène photographiée. Ils peuvent détecter les visages et s'assurer que les yeux sont ouverts et que les gens sourient.

L'intelligence artificielle peut être utilisée pour améliorer la qualité de l'image en détectant les bords dans les portraits, la reconnaissance faciale, l'amélioration des profils de couleur et l'adoucissement de la peau.

Photographiques (apps)

Les applications (*apps*) photo IA offrent plusieurs fonctionnalités et possibilités comme :

☐ Retouche photo avancée. Les applications photo basées sur l'IA utilisent des algorithmes sophistiqués pour améliorer automatiquement les photos en ajustant les niveaux de luminosité, de contraste, de netteté, de saturation, etc. Elles peuvent également détecter les visages et appliquer des améliorations spécifiques à ces zones.

☐ Reconnaissance de scènes. Les applications photo IA peuvent identifier automatiquement les scènes photographiées, comme des paysages, des portraits, des animaux, des objets, etc. et choisir automatiquement les paramètres et les filtres adaptés à la scène.

☐ Détection de visages et retouche automatique. Les applications photo IA peuvent détecter les visages dans les photos et appliquer des améliorations spécifiques à ces visages, comme le lissage de la peau, l'éclaircissement des yeux, l'ajustement des couleurs, etc.

☐ Effets artistiques et filtres. Les applications photo IA offrent souvent une gamme d'effets artistiques et de filtres basés sur l'IA pour transformer les photos en styles artistiques, réalistes ou abstraits. Ces filtres peuvent simuler des techniques de peinture, des rendus graphiques, des styles vintage, etc.

☐ Suppression d'objets indésirables. Les applications photo IA peuvent également être capables de détecter et de supprimer automatiquement des objets indésirables ou des éléments perturbateurs dans les photos, tels que les fils électriques, les passants indésirables, les taches, etc.

☐ Suppression ou modification d'arrière-plans.

Parmi les apps spécialisées : YouCam Perfect, YouCam Enhance, Lensa,, PhotoDirector.

Pile

Une pile technologique d'IA est la combinaison de matériel et de logiciel nécessaire pour développer, tester, former et déployer des applications optimisées par l'IA. Elle est composée de processeurs graphiques, de *flash scale-out* et de structures de données

Piratage

Les systèmes d'IA peuvent être piratés pour perturber les infrastructures en causant par exemple une panne d'électricité généralisée, un engorgement du trafic ou la rupture de la logistique alimentaire.

Plagiat

Le plagiat peut être défini comme l'action de présenter délibérément le travail, les idées ou les créations d'autrui comme étant les siennes, sans attribution appropriée ou sans consentement de l'auteur original. Il s'agit donc d'une violation de la propriété intellectuelle et de l'éthique académique.

Des artistes se sont insurgés à la fois parce qu'ils n'avaient pas de contrôle sur les bases d'images qui alimentent les IA de leurs œuvres (photos, peintures, illustrations) et amènent à copier leur production et leur style.

Dans le domaine de l'art "non numérique", l'accusation ou de trop grande "inspiration" n'est pas rare, surtout quand il s'agit d'artistes qui "détournent "d'autres œuvres. Ainsi Roy Lichtenstein et Andy Warhol sont deux artistes appropriationnistes qui ont été régulièrement accusés de plagiat. C'est également le cas de Jeff Koons plusieurs fois condamné. Le débat n'est donc pas neuf.

Des outils IA de détection du plagiat, particulièrement pour les textes et dans le secteur de l'enseignement, ont été développés mais leur efficacité est mise en cause. Ces outils seraient utiles pour identifier les similitudes entre les textes et alerter sur les passages qui pourraient être plagiés.

Plan d'affaires

Un ***chatbot*** **c**omme ChataGPT affirme disposer d'une connaissance approfondie de nombreux domaines commerciaux et avoir accès à une grande quantité d'informations sur les différents aspects d'un plan d'affaires (*business plan*) tels que :

☐ La description de l'entreprise. Aide à décrire l'entreprise en détail, en incluant son objectif, ses produits et services, ses clients potentiels, sa structure organisationnelle, etc.

☐ L'analyse de marché. Aide à la réalisation d' une analyse de marché approfondie, en identifiant les tendances du marché, les opportunités et les défis, les concurrents, les segments de marché, etc.

☐ La stratégie commerciale. En fonction des informations fournies, aide à l'élaboration d'une stratégie commerciale qui comprendra des objectifs commerciaux, des plans de marketing, des plans de vente, des projections financières, etc.

☐ La planification financière. Aide à l'élaboration d'un plan financier, en déterminant les besoins en financement, les coûts opérationnels, les projections de revenus et de flux de trésorerie, etc.

Il reste néanmoins conseillé de travailler avec un expert en la matière pour affiner et finaliser ce plan d'affaires.

Plan de cours

Des outils IA permettent aux enseignants d'établir des plans de cours (par exemple Cognii).

Plasticité synaptique

La plasticité synaptique est une propriété qui permet aux synapses, les structures qui relient les neurones entre eux, de modifier leur efficacité en fonction de l'activité du réseau neuronal. La plasticité synaptique est essentielle pour le fonctionnement du cerveau, notamment pour l'apprentissage et la mémoire

Pour une IA, la plasticité synaptique peut être inspirée par les mécanismes biologiques et implémentée dans les **réseaux de neurones artificiels** pour leur permettre de s'adapter à des environnements changeants et de mémoriser des informations pertinentes.

Plateforme de développement d'IA

Une plateforme de développement d'IA est un environnement de développement intégré (IDE) qui permet aux développeurs de créer, de tester et de déployer des modèles d'IA. Ces plateformes fournissent des outils pour la préparation des données, la formation des modèles et l'inférence en production. Certaines plateformes sont conçues pour être utilisées par des développeurs ayant une expérience en IA, tandis que d'autres sont conçues pour être utilisées par des développeurs ayant peu ou pas d'expérience en IA. Les plateformes de développement d'IA peuvent être utilisées pour une variété d'applications, telles que la **reconnaissance vocale**, la **reconnaissance d'image** et la prédiction de séries chronologiques.

Poésie

Les **agents conversationnels** peuvent générer du texte et un ChatGPT est en mesure de rédiger des poèmes. Selon ChatGPT lui-même, les avancées en matière de génération de texte par des modèles d'intelligence artificielle, tels que les modèles de langage basés sur l'apprentissage profond, ont permis des progrès significatifs dans la génération de texte créatif, y compris la poésie. Ces modèles sont capables de produire des textes qui peuvent être esthétiquement agréables et poétiques, mais il est peu probable qu'ils soient spécifiquement conçus pour écrire en alexandrins ou imiter le style d'un poète particulier. Par contre, si le sujet est bien introduit, l'écriture de haïkus peut se révéler intéressante.

ChatGPT rappelle que la poésie est une forme d'expression artistique complexe qui implique souvent des éléments tels que la structure, le rythme, les rimes et la créativité linguistique. Bien que les agents conversationnels basés sur l'IA puissent générer des textes qui peuvent être poétiques, il est peu probable qu'ils atteignent le niveau d'expertise d'un poète humain expérimenté en termes de style, de technique et de sensibilité artistique.

Pratchett (Terry)

Terry Pratchett était un écrivain britannique considéré comme l'un des plus grands humoristes et auteurs de fantasy de son temps. Né en 1948 dans le Buckinghamshire, il était connu pour son style d'écriture unique et son imagination débordante. Il est décédé en 2015. Il a écrit la célèbre série de romans du Disque-monde, qui se déroule dans un monde fantastique plein de satire et de commentaires sociaux Ses citations reflètent souvent son sens de l'humour et sa vision du monde. Il a écrit à propos de l'IA :

☐ *Ce qu'il y a de bien avec l'intelligence artificielle, c'est que c'est toujours préférable à la stupidité artificielle. Non ? Ha ha !* (La longue Terre, tome 2 : La longue guerre)

☐ *La véritable bêtise bat l'intelligence artificielle à tous les coups* (Annales du Disque-monde, Le Père Porcher, 1996)

Prédiction

Dans le domaine de l'IA, la prédiction est une technique qui consiste à utiliser des **algorithmes** pour prédire des résultats futurs à partir de données historiques. Cette capacité d'un algorithme est appelée prédictivité.

Les algorithmes de prédiction peuvent être utilisés pour prédire les préférences des utilisateurs en fonction de leurs habitudes de navigation. Les algorithmes de prédiction sont également utilisés dans le domaine de la **santé** pour prédire les maladies et les risques de maladies.

Préjugés

Dans certains cas, les intelligences artificielles ont été accusées de véhiculer des préjugés, notamment raciaux, dans certaines situations. De grandes entreprises technologiques, telles que Google, ont développé des outils d'IA pour détecter d'éventuels préjugés et tenter de les éviter.

Présentateur

Les présentateurs de la météo ou de nouvelles peuvent aujourd'hui être remplacés par des présentateurs virtuels. La présentatrice virtuelle Sana est apparue sur la chaîne de nouvelles Aaj Tak du groupe leader India Today. Elle peut livrer des nouvelles 24 heures sur 24 et 365 jours par an[1].

Présentation

Des outils IA permettent de créer des présentations de type MS Powerpoint (éventuellement à partir de modèles) à partir d'un texte (qui peut lui-même être produit par une IA). Ils peuvent générer automatiquement des diapositives, *d*es titres, des graphiques *et i*nclure dans les *slides* des images, des vidéos, des animations extraits d'une banque d'images ou à charger.

Quelques outils spécialisés dans les présentations : SlideBot, Prezi, Haiku Deck. D'autres outils IA sont utilisés pour la vérification de la qualité de la présentation, tels que Grammarly, qui peut aider à corriger les erreurs de grammaire et d'orthographe dans le texte de la présentation, et Slideproof, qui peut aider à maintenir la cohérence de la marque et de l'apparence visuelle de la présentation.

Prise de décision automatisée

La prise de décision automatisée est la capacité de prendre des décisions par des moyens technologiques sans intervention humaine. Par exemple, une demande de prêt en ligne ou un questionnaire d'aptitude pour une demande d'emploi. Cette décision peut découler d'un profilage, mais ce n'est pas systématique; elle peut être prise sans qu'un profil ait été construit préalablement.

Productivité

L'IA peut augmenter la productivité des entreprises. Elle leur permet de mieux gérer leurs données en favorisant l'identification des tendances et des modèles dans les données. Elle peut également aider à automatiser les processus en effectuant des tâches répétitives et en libérant du temps pour les employés pour se concentrer sur des tâches plus importantes. Enfin, l'IA peut conduire à améliorer les produits en identifiant les problèmes et en proposant des solutions pour y remédier.

L'IA peut favoriser l'augmentation de la productivité des employés en leur permettant de mieux gérer leur temps et leurs tâches. Elle aide à automatiser les tâches répétitives et à fournir des informations en temps réel pour que les travailleurs puissent prendre des décisions plus éclairées.

Progrès

Le développement de l'intelligence artificielle peut être considéré comme un progrès par certains tandis que d'autres le considèrent comme un danger, notamment dans le domaine éthique mais aussi, tout particulièrement en matière d'emploi. Les premiers s'en défendent en rappelant les oppositions historiques à des progrès techniques.

Le mouvement luddite est un exemple de mouvement contre la mécanisation en Europe avec cette révolte des ouvriers anglais du textile. Les luddites ont détruit des machines à tisser et des métiers à tricoter en Angleterre entre 1811 et 1816. En France, les canuts de Lyon ont également protesté contre la mécanisation de leur travail au XIXe siècle. En France, les canuts de Lyon, des ouvriers de la soie qui ont vu leur travail mécanisé avec l'invention du métier à tisser Jacquard, ont organisé des grève , des manifestations et même une insurrection dans leur ville en 1831 pour protester contre la mécanisation et la baisse de leur salaire. Néanmoins, la mécanisation a également permis une augmentation de la production et une baisse des coûts de production, ce qui a contribué à la croissance économique en Europe.

Les partisans de l'IA font aussi référence aux travaux de Joseph Schumpeter (1883-1950), un économiste autrichien, pionnier de l'économie de l'innovation et auteur d'ouvrages influents sur la théorie économique et l'entrepreneuriat. Schumpeter est surtout connu pour sa thèse sur la "destruction créatrice". Il a soutenu que le capitalisme est caractérisé par des périodes de perturbation et de changement radical, résultant de l'introduction de nouvelles technologies ou de nouveaux produits par des entrepreneurs innovants. Ces changements radicaux peuvent détruire les entreprises existantes et les modèles économiques, mais ils créent également de nouvelles opportunités pour les entrepreneurs qui peuvent exploiter les nouvelles technologies et les nouveaux marchés. Il a également développé la théorie du cycle économique, dans laquelle il a soutenu que les économies subissent des cycles de croissance et de ralentissement en raison de facteurs tels que l'investissement, l'innovation technologique et les fluctuations de la demande. Schumpeter a aussi mis en avant la notion de "capitaliste de type entrepreneur", soutenant que les entrepreneurs sont les principaux acteurs du développement économique en raison de leur capacité à innover et à prendre des risques. Il a également souligné le rôle important des banques et des investisseurs dans le financement de l'innovation et de l'entrepreneuriat.

Projet (gestion de)

La gestion de projet est une méthode pour planifier, organiser, diriger et contrôler les ressources (humaines, financières, matérielles) d'un projet afin d'atteindre les objectifs spécifiques du projet dans un délai et un budget donnés. En d'autres termes, c'est l'ensemble des techniques, des outils et des compétences utilisés pour gérer un projet du début à la fin. La gestion de projet implique généralement les étapes suivantes :

- ☐ La définition des objectifs du projet. Il s'agit de définir les résultats attendus du projet et les critères de réussite.
- ☐ La planification du projet. Cette étape consiste à déterminer les tâches nécessaires pour atteindre les objectifs du projet, à estimer les ressources nécessaires (temps, argent, personnel), à établir un calendrier et à identifier les risques potentiels.
- ☐ L'exécution du projet. C'est la mise en œuvre du plan de projet. Il s'agit de coordonner les différentes ressources pour accomplir les tâches identifiées dans le plan.
- ☐ Le suivi et le contrôle du projet. Il est essentiel de surveiller les progrès du projet pour s'assurer qu'il respecte le calendrier, le budget et les objectifs fixés. Si nécessaire, des ajustements doivent être apportés pour éviter les retards ou les dépassements de budget.
- ☐ La clôture du projet. Une fois que tous les objectifs ont été atteints, le projet est clôturé et une évaluation est effectuée pour identifier les leçons apprises et les bonnes pratiques à intégrer dans les projets futurs.

Les outils de gestion de projet qui utilisent l'IA offrent plusieurs avantages, notamment :

- ☐ L'automatisation des tâches répétitives. Les outils IA peuvent automatiser les tâches répétitives telles que la planification des projets, la gestion des tâches et la communication avec les membres de l'équipe .
- ☐ La prise de décision plus rapide. Les outils IA peuvent aider les chefs de projet à prendre des décisions plus rapidement en fournissant des informations en temps réel sur l'état du projet et en identifiant les problèmes potentiels .
- ☐ L'amélioration de la collaboration. Les outils IA peuvent aider les membres de l'équipe à collaborer plus efficacement en fournissant des informations en temps réel sur l'état du projet et en facilitant la communication entre les membres de l'équipe .
- ☐ L'optimisation des ressources. Les outils IA peuvent aider les chefs de

projet à optimiser l'utilisation des ressources en identifiant les goulots d'étranglement et en proposant des solutions pour améliorer l'efficacité .

Quelques exemples d'outils IA de gestion de projet : Project Insight, Click-up, Trello, Basecamp, Asana, Wrike, Slack.

Prompt

Les prompts sont des instructions données à l'IA pour lui permettre de comprendre les attentes de l'utilisateur en termes de résultats.

Dans le cas d'un *chatbot*, un prompt est une suggestion de texte ou une question donnée au *chatbo*t afin de générer une réponse pertinente. Ce prompt peut être utilisé pour initier une conversation ou guider la discussion dans une direction spécifique en fonction des objectifs de l'entreprise ou des besoins de l'utilisateur.

Prompt (art du prompt)

Pour que le prompt produise un contenu de qualité répondant aux besoins, il faut préciser au mieux les attentes et les exigences du texte par rapport au texte à à générer pour obtenir les meilleurs résultats.

Quelques éléments à prendre en compte :

- ☐ Objectif. Description claire de l'objectif du contenu à générer (par exemple article de blog, une histoire, un poème, etc.)(cf. support).
- ☐ Contexte ou domaine.
- ☐ Sujet.
- ☐ Présentation et structuration du prompt.
- ☐ Formulation. En langage naturel clair et précis en évitant les termes ambigus, les formulations vagues, les double sens, les phrases complexes.
- ☐ Ton. Ton positif préférable à un mode négatif.
- ☐ Styles de la réponse..
- ☐ Emetteur. **Persona.**
- ☐ Destinataires. Public(s) cible(s). Personas.
- ☐ Exemples. Exemples de réponses attendues
- ☐ Informations complémentaires. Par exemple des informations sur les personnages, les événements, des dates, des chiffres, etc.
- ☐ Contraintes. Contraintes et restrictions susceptibles de s'appliquer au contenu généré, telles que la longueur, les mots-clés à inclure, ou à exclure, l'obligation de produire une liste de points-clés, etc.

L'instruction peut demander que la réponse soit adaptée au support. Il peut s'agir là des articles de blog, des **livres** et nouvelles, des scripts de films et de télévision, des **discours** et présentations, des lettres et courriels (*e-mails*), des poèmes et chansons, des descriptions de produits et fiches techniques, des conversations et **dialogues**, des scripts pour *chatbots* et assistants virtuels, des publicités et annonces commerciales.

L'instruction - tout au moins avec ChatGPT - peut évoquer le style dans lequel la réponse sera écrite :

- ☐ Narratif. Raconte une histoire ou une série d'événements.
- ☐ Descriptif. Décrit un lieu, un objet, une personne ou une situation en détail.
- ☐ Persuasif. Vise à convaincre le lecteur d'une idée ou d'une opinion.
- ☐ Informatif. Fournit des informations objectives et factuelles sur un sujet.
- ☐ Poétique. Utilise des métaphores, des images et un rythme pour transmettre une émotion ou une idée.
- ☐ Argumentatif. Présente une argumentation logique pour soutenir une position ou une opinion.
- ☐ Réflexif. Examine une expérience personnelle ou une idée de manière introspective
- ☐ Comique. Utilise l'humour pour amuser ou divertir le lecteur.
- ☐ Technique. Décrit des procédures techniques, des instructions ou des informations spécialisées.
- ☐ Littéraire. Utilise un style élaboré et sophistiqué pour explorer des thèmes profonds et des émotions complexes.

Dans ce dernier cas, quand on demande à ChatGPT les auteurs dont il peut s'inspirer du style d'écriture, il mentionne William Shakespeare, Jane Austen, Charles Dickens, Mark Twain, Ernest Hemingway, Edgar Allan Poe, J.D. Salinger, Gabriel García Márquez, Fyodor Dostoevsky, ou encore Virginia Woolf... Soit des auteurs, majoritairement des hommes, américains ou britanniques. Si des auteurs français sont spécifiquement demandés, la liste comprend Victor Hugo, Alexandre Dumas, Gustave Flaubert, Antoine de Saint-Exupéry, Marcel Proust, Françoise Sagan, Albert Camus, Simone de Beauvoir, Jean-Paul Sartre et Françoise Hardy. Il faut donc retenir que ChatGPT peut être orienté vers le style d'un auteur, surtout si celui-ci était présent dans les textes qui ont participé à la construction du modèle LLM sous-jacent.

Prompt engineer

Le *prompt engineer* est le professionnel qui sait formuler les requêtes adéquates auprès des modèles d'IA pour obtenir des réponses de qualité et pertinentes. En français, certains traduisent ce nom en "dresseur d'intelligence artificielle".

Contrairement à ce que peut laisser penser son nom, il n'a besoin ni de diplôme ni de connaissances particulières en programmation pour devenir p*rompt engineer*. Il est surtout nécessaire de posséder un bon vocabulaire et de connaître les finesses du langage humain pour interagir avec l'IA de manière efficace.

Il existe des formations en ingénierie de l'apprentissage automatique et du traitement du langage naturel qui peuvent aider à acquérir les compétences nécessaires pour travailler avec des systèmes de dialogue et des *chatbots*. Ces formations peuvent être suivies dans des établissements d'enseignement supérieur tels que des universités ou des écoles d'ingénieurs. Certaines de ces formations peuvent déboucher sur un diplôme universitaire ou un certificat professionnel. Des cours en ligne gratuits ou payants sont proposés sur des plateformes d'apprentissage en ligne telles que Coursera, edX ou Udemy.

Prompt engineering

Le *prompt engineering* est un domaine émergent de l'intelligence artificielle qui se concentre sur l'automatisation des tâches impliquées dans l'ingénierie de prompts, ces instructions données à un système d'IA pour générer du texte ou d'autres types de sorties en réponse à une entrée donnée.

Le *prompt engineering* est considéré comme une compétence clé pour ceux qui travaillent sur des *chatbots*, des agents autonomes et d'autres applications d'IA générative. Il vise à simplifier le processus de développement d'un système d'IA en offrant des outils pour automatiser certaines tâches fastidieuses.

LangChain est l'un des outils les plus populaires pour les développeurs d'IA en matière de *prompt engineering*.

Promptologue

Un promptologue est un spécialiste de la **promptologie**.

Promptologie

La promptologie est une science de l'étude des **prompts**.

Prompts (générateurs de)

Des générateurs de prompts basés sur l'IA peuvent aider à surmonter un blocage créatif. Quelques exemples : AI Text Prompt Generator, PromptoMania, PromptPerfect, WebUtility, AI Art Prompt Generator, PromptHero, PromptBase.

Ces outils peuvent être utilisés pour générer des idées pour l'écriture de

livres, de **scénarios** et d'autres formes d'art créatif.

Q

Question

Une question est généralement une demande d'information ou de clarification adressée au ***chatbot***. Elle est formulée en utilisant des commandes vocales ou en tapant du texte dans une fenêtre de conversation intégrée. Elle prend la forme interrogative et vise à obtenir une réponse précise. Les *chatbots* sont programmés pour comprendre et répondre aux questions posées par les utilisateurs en fournissant des informations pertinentes.

Même si les termes "question" et **"requête"** peuvent être utilisés de manière interchangeable selon les systèmes de *chatbot* et les plateformes de conversation, leur sens est différent.

Quiz

Un outil conversationnel comme **ChatGPT** permet de réaliser très rapidement un quiz. Il suffit de lui demander en langage courant de le créer en fonction d'une thématique donnée.

R

Réalité virtuelle

L'IA et la réalité virtuelle (*virtual reality* ou *VR*) sont deux technologies qui se complètent. L'IA est notamment en mesure d'améliorer la qualité de l'image et de l'audio en temps réel, de l'interaction avec les objets virtuels ou avec les autres utilisateurs. L'IA s'utilise aussi pour la **reconnaissance vocale**, pour les commandes vocales, la **reconnaissance faciale** pour les **avatars** personnalisés, la reconnaissance de mouvement pour les interactions avec les objets virtuels.

Recommandation (systèmes de)

Les systèmes de recommandation sont des **algorithmes** qui hiérarchisent des éléments en utilisant des données récoltées sur les utilisateurs ou sur les éléments proposés afin de présenter aux internautes les produits ou services répondant le mieux à leurs attentes. Les différentes générations des systèmes de recommandation reposent sur un cadre précis avec 3 types de tâches automatiques effectués par ces dispositifs : recueil des données, reconstitution de l'identité numérique et du profil du consommateur , émission des recommandations personnalisées.

Les systèmes de recommandation sont populaires dans de nombreuses industries, comme le cinéma et les séries (Netflix), la musique (Spotify), le commerce électronique (Amazon) et même la banque. Ils sont utiles pour aider les clients à trouver les produits qu'ils souhaitent acheter, introduire de nouveaux produits, générer des connaissances et de l'innovation, fidéliser et accroître la clientèle, augmenter la valeur à vie du client et améliorer l'expérience utilisateur.

Reconnaissance audio

La reconnaissance audio est une technique qui permet d'identifier des sons et des bruits dans un signal audio. Elle est utilisée dans de nombreux domaines tels que la musique, la sécurité, la surveillance.

Reconnaissance de la parole

La reconnaissance de parole (ou reconnaissance automatique de la parole) consiste pour une application à analyser la voix humaine afin de la transformer en requête informatique. Tout passe par la voix dont les fréquences sonores de la voix sont captées par un micro avant d'être traduites sous forme de texte exploitable par la machine.

Reconnaissance de formes

La reconnaissance de formes est un ensemble de techniques et méthodes visant à identifier des régularités informatiques à partir de données brutes afin de prendre une décision dépendant de la catégorie attribuée à ce motif. Cette branche de l'intelligence artificielle permet aux ordinateurs d'identifier des objets ou des formes dans des images ou des vidéos.

La reconnaissance de formes est donc utilisée pour extraire des caractéristiques significatives à partir d'échantillons d'images/vidéo donnée et utilisée en **vision par ordinateur** pour diverses applications telles que l'imagerie biologique et biomédicale. Elle est également employée dans le **traitement du langage naturel** pour des applications telles que les vérificateurs d'**orthographe** et de grammaire, les détecteurs de spam, les outils de **traduction** et d'analyse des sentiments.

D'autres domaines d'application incluent la **reconnaissance de la parole**, la **reconnaissance de l'écriture manuscrite**, la reconnaissance des empreintes digitales et la **reconnaissance faciale**.

Reconnaissance de la voix

La reconnaissance de la voix est une technique qui permet d'identifier une personne à partir de sa voix. Elle est utilisée dans les systèmes de sécurité et d'authentification

Reconnaissance faciale

Les systèmes de reconnaissance faciale sont des systèmes informatiques qui utilisent des **algorithmes** pour identifier les caractéristiques uniques du visage d'une personne à partir d'une image ou d'une vidéo . Ces systèmes peuvent être utilisés pour diverses applications telles que la sécurité, la surveillance et l'identification .

Les systèmes de reconnaissance faciale utilisent des techniques telles que la détection de visage, l'extraction de caractéristiques et la comparaison pour identifier une personne . La détection de visage est le processus d'identification des visages dans une image ou une vidéo . L'extraction de caractéristiques est le processus d'identification des caractéristiques uniques du visage d'une personne, telles que la distance entre les yeux, la largeur du nez et la forme des lèvres . La comparaison est le processus de comparaison des caractéristiques extraites avec celles stockées dans une base de données pour identifier une personne .

Parmi les préoccupations liées à l'utilisation des systèmes de reconnaissance faciale, la confidentialité et la sécurité des données . Les systèmes de reconnaissance faciale stockent souvent des images et des données personnelles dans une base de données .Ces systèmes sont aussi susceptibles d'être utilisés abusivement pour la surveillance et le profilage racial . Les systèmes de reconnaissance faciale peuvent également être biaisés en raison d'un manque de diversité dans les ensembles de données utilisés pour entraîner les algorithmes. D'où des erreurs dans l'identification des personnes. Elles sont susceptibles d'avoir un impact disproportionné sur certaines communautés .

Référencement naturel

Le référencement naturel est l'ensemble des techniques visant à positionner favorablement un site ou un ensemble de pages sur les premiers résultats naturels des moteurs de recherche correspondant aux requêtes visées des internautes[1]. Le but est d'apparaître en première position sur la première page de Google liée à la requête visée. Le référencement naturel comprend l'optimisation technique et rédactionnelle des pages du site à référencer ainsi que la recherche de liens externes (netlinking. Le référencement naturel est une des deux branches du s*earch engine marketing* avec les liens commerciaux (*SEA*).

L'utilisation de l'IA dans le référencement comporte des risques tels que l'infobésité, le *spamming* et la qualité du contenu.

Régularisation

La régularisation est une technique qui consiste à ajouter une contrainte au modèle d'IA pour réduire sa complexité et éviter le surapprentissage. Le surapprentissage se produit lorsque le modèle apprend trop bien les données d'entraînement et perd sa capacité à généraliser à de nouvelles données. La régularisation permet donc au modèle de conserver les informations essentielles et de s'adapter aux changements.

Il existe différents types de régularisation, comme la régularisation L1 ou la régularisation L2, qui pénalisent les poids du modèle en fonction de leur valeur absolue ou de leur carré. Il existe aussi la régularisation par abandon ou *dropout*, qui désactive aléatoirement certains neurones du modèle pendant l'entraînement pour éviter la dépendance entre eux.

Régulation

Dans le domaine de l'intelligence artificielle, il est question de régulation lorsqu'on fait référence aux mesures prises par les gouvernements et les organisations afin de contrôler et de superviser l'utilisation de l'IA, de définir des normes éthiques, et de minimiser les risques potentiels associés à cette technologie. Quelques exemples de mesures de régulation prises par des acteurs clés :

☐ Commission européenne. La Commission européenne a adopté le premier cadre juridique sur l'intelligence artificielle au sein de l'Union européenne. Ce règlement vise à établir des règles harmonisées concernant l'IA et à promouvoir une vision européenne de l'IA basée sur l'éthique. Il propose des dispositions pour prévenir les risques liés à l'IA, notamment en ce qui concerne les systèmes à haut risque, la transparence, la responsabilité et les sanctions.

☐ Conseil de l'Union européenne. Le Conseil de l'Union européenne a adopté une recommandation sur la promotion de l'IA sûre qui respecte les droits fondamentaux. Cette recommandation demande aux gouvernements d'évaluer l'impact environnemental direct et indirect de l'IA, y compris son empreinte carbone. Le Conseil restreint également la définition des systèmes d'IA à ceux développés à l'aide d'approches d'apprentissage automatique et fondées sur la logique et les connaissances.

Ces mesures de régulation visent à promouvoir des utilisations responsables de l'IA, à garantir la protection des droits fondamentaux des individus et à minimiser les risques associés à cette technologie. Elles couvrent des aspects tels que la transparence, la responsabilité, l'évaluation de l'impact environnemental et la prévention des abus dans l'utilisation de l'IA.

Répétition

La répétition est une technique qui consiste à réviser périodiquement les données d'entraînement antérieures pour renforcer la mémoire du modèle d'IA et prévenir l'oubli. La répétition permet au modèle de consolider ses connaissances et de corriger ses erreurs en recevant un retour d'information sur ses performances.

La répétition peut être mise en œuvre de différentes manières, comme la répétition espacée, qui augmente l'intervalle entre les révisions en fonction du niveau de maîtrise du modèle, ou la répétition aléatoire, qui mélange les données d'entraînement de différents domaines ou tâches.

Réponse

Les réponses d'un **ChatGPT** à une même question diffèrent à chaque fois, car ChatGPT est un modèle de langage basé sur l'**apprentissage automatique**, qui peut générer des réponses en utilisant une approche probabiliste. Chaque réponse générée par ChatGPT peut donc être légèrement différente, même pour la même question, en raison de variations aléatoires dans le processus de génération de texte.

Réponse (refus de)

Microsoft explique que ce refus de réponse résulte de longues sessions qui "peuvent troubler le modèle sur les questions auxquelles il répond"'". Le "cerveau" alimenté par **ChatGPT** "essaie parfois de répondre ou de réfléchir sur le ton avec lequel on lui pose les questions"..

Après avoir essuyé quelques "déboires" avec des internautes un peu trop "curieux", **Bing AI** a limité le nombre d'échanges dans une conversation. Au-delà, le contexte de la conversation doit être supprimé pour redémarrer un nouvel échange.

Requête

Le terme "requête" parfois utilisé indifféremment avec "question" est plus large. Il peut englober différentes intentions de l'utilisateur. Une requête peut ainsi inclure une demande d'action, une recherche d'informations, une demande de recommandation, etc.

Les *chatbots* utilisent des techniques d'analyse du **langage naturel** et de traitement automatique du langage pour comprendre les requêtes des utilisateurs et y répondre de manière appropriée.

Réseaux sociaux

Les outils d'IA peuvent aider à être plus présent sur les réseaux sociaux en fournissant des informations sur les tendances et les préférences des utilisateurs, en aidant à planifier et à publier du contenu de manière efficace et en fournissant des analyses pour améliorer la stratégie de marketing.

L'utilisation d'outils d'IA ne garantit pas le succès sur les réseaux sociaux. Les entreprises notamment doivent toujours s'efforcer de fournir un contenu de qualité et de se concentrer sur l'engagement des utilisateurs pour réussir sur les réseaux sociaux.

Résumé

Une IA peut résumer des textes en analysant le texte et en filtrant les informations les plus importantes. L'IA recherche des mots-clés dans le texte et les compare. Si un mot-clé apparaît plus fréquemment, il est probable qu'il soit important.

Si les personnes doivent lire et comprendre l'ensemble du texte avant de pouvoir rédiger un résumé approprié, l'IA, elle, peut analyser le texte et identifier les points les plus importants sans avoir à le lire en entier. L'IA est donc capable de les résumer en moins de temps et avec une plus grande précision.

Des outils IA comme Resoomer ou Canva utilisent l'intelligence artificielle pour repérer et reprendre les idées et les éléments importants de documents.

Risques

Le recours croissant à l'intelligence artificielle soulève plusieurs risques, tels que :

- ☐ Le risque de **biais**. L'IA peut être influencée par les préjugés humains, ce qui peut conduire à des résultats biaisés ou discriminatoires.
- ☐ Le risque de perte d'**emplois**. L'automatisation des emplois par l'IA peut entraîner la perte de nombreux emplois, en particulier dans les secteurs de la fabrication, des services clients et de la logistique.
- ☐ Le risque de dépendance. Une forte dépendance à l'IA pourrait entraîner une perte de compétences humaines essentielles, qui pourraient devenir obsolètes.
- ☐ Le risque de sécurité. L'utilisation de l'IA pour la surveillance ou la défense peut créer des risques de sécurité, car les systèmes IA peuvent être piratés ou manipulés.
- ☐ Le risque d'**erreur**. L'IA peut commettre des erreurs, en particulier lorsqu'elle est utilisée pour des tâches complexes et mal définies.
- ☐ Le risque d'impact sur la **vie privée**. L'IA peut être utilisée pour collecter, stocker et analyser des données personnelles, ce qui peut porter atteinte à la vie privée.
- ☐ Le risque de réglementation insuffisante. Le manque de réglementation sur l'utilisation de l'IA peut entraîner des pratiques irresponsables ou dangereuses.

L'utilisation de l'IA peut présenter des risques tels que la défaillance des systèmes d'IA qui peuvent provoquer une interruption de l'activité ou des dysfonctionnements majeurs. Ces risques ne sont pas exhaustifs, mais ils soulignent les principales préoccupations associées à l'utilisation croissante de l'IA. Ils doivent être pris en compte afin de mettre en place des mesures pour les atténuer et garantir que l'IA soit utilisée de manière **éthique** et responsable.

Robot

Un robot est une machine programmable qui peut effectuer des tâches de manière autonome ou semi-autonome. Les robots peuvent être conçus pour ressembler à des humains (on parle alors d'**androïdes**) ou à des animaux (il existe des chiens-robots de compagnie mais aussi de garde), mais ils n'ont pas de parties biologiques. Ils ne peuvent donc être confondus avec des **cyborgs**.

Les robots équipés de l'IA peuvent effectuer diverses tâches, telles que la **reconnaissance vocale**, la **vision par ordinateur** et la prise de décision, en utilisant des algorithmes d'IA. Cependant, tous les robots ne sont pas équipés d'IA.

Robotique

La robotique et l'intelligence artificielle sont deux domaines distincts, mais à leur intersection, se retrouvent les **robots** intelligents. L'IA est basée sur des systèmes d'exploitation en temps réel et garantit que les robots fonctionnent comme prévu.. Elle permet de contrôler ces robots et leur permet de fonctionner de manière autonome.

S

Santé

Les IA ont permis des avancées dans plusieurs domaines de la santé, notamment :

☐ Diagnostic. Les IA peuvent analyser des images médicales, telles que les radiographies et les scanners, pour aider les médecins à diagnostiquer les maladies avec une plus grande précision. Elles peuvent également aider à identifier les facteurs de risque, à prédire les complications et à recommander des traitements personnalisés.

☐ Recherche. Les IA peuvent aider les chercheurs à identifier de nouveaux médicaments et à développer des thérapies plus efficaces. Elles peuvent également être utilisées pour analyser de grandes quantités de données de santé afin de trouver des corrélations et des modèles qui pourraient conduire à de nouvelles découvertes.

☐ Surveillance de la santé publique. Les IA peuvent être utilisées pour surveiller les tendances de santé publique en temps réel, pour aider à détecter les épidémies et les maladies infectieuses avant qu'elles ne se propagent.

☐ Soins personnalisés. Les IA peuvent être utilisées pour créer des plans de traitement personnalisés pour les patients, en utilisant des données de santé et des algorithmes d'apprentissage automatique pour adapter le traitement aux besoins individuels de chaque patient.

☐ **Robotique** médicale. Les **robots** équipés d'IA peuvent être utilisés pour effectuer des opérations chirurgicales plus précises et moins invasives, pour aider les patients atteints de troubles physiques à se rétablir plus rapidement, et pour aider les personnes âgées ou handicapées à vivre de manière plus autonome.

Selon les orientations publiées par l'Organisation Mondiale de la Santé (OMS) le 28 juin 2021 dans son rapport sur l'**éthique** et l'IA dans le domaine de la santé, l'intelligence artificielle constitue un grand espoir pour améliorer la prestation des soins et la médecine dans le monde entier. Cependant, l'OMS souligne qu'il est essentiel de placer l'éthique et les droits humains au cœur de la conception, du déploiement et de l'utilisation de l'IA. L'OMS propose d'ailleurs 6 principes pour limiter les risques et maximiser les opportunités intrinsèques à l'intelligence artificielle dans le domaine de la santé :

- ☐ Protéger l'autonomie de l'être humain.
- ☐ Favoriser la prise de décision responsable.
- ☐ Veiller à la sécurité et à la qualité des données.
- ☐ Garantir la transparence et la divulgation responsable.
- ☐ Assurer la responsabilité et la redevabilité.
- ☐ Encourager la participation et la collaboration.

Ces principes sont destinés à aider les gouvernements, les organisations et les professionnels de la santé à concevoir, élaborer et utiliser l'IA de manière responsable.

Santé mentale

Les troubles mentaux sont des maladies qui affectent la santé mentale d'une personne. Les outils d'IA peuvent être utilisés pour aider à diagnostiquer et traiter les troubles mentaux. Par exemple, MePheSTO est un outil d'IA qui utilise les technologies de l'analyse vidéo, de la voix, du langage et du discours pour affiner l'évaluation des troubles psychiatriques et même les détecter précocement. L'IA lui permet d'identifier et classifier des phénotypes numériques objectifs et mesurables de ces troubles.

Un cas de suicide liés à l'utilisation d'un outil spécialisé a été mis en évidence en Belgique où un homme s'est suicidé après avoir discuté longuement avec une intelligence artificielle. Cependant, il n'y a pas de preuve que l'utilisation d'outils d'IA puisse causer des troubles mentaux ou des maladies mentales

Scénario

Plusieurs outils d'écriture de scénarios basés sur l'IA peuvent aider les scénaristes à écrire des scénarios de manière plus rapide et efficace. Certains des outils les plus populaires sont Jasper (anciennement Jarvis), Rytr et Flacked AI..

Jasper est considéré comme le meilleur outil d'écriture de scénarios basé sur l'IA et peut produire des scénarios originaux de longue durée en utilisant plus de 50 outils avancés. Rytr est un autre outil qui propose une variété de modèles pour aider à réaliser son script. Flacked AI utilise des modèles pré-construits.

SEO

Le *SEO* (*Search Engine Optimization* soit optimisation des moteurs de recherche) est l'ensemble des techniques visant à améliorer la visibilité et le classement d'un site web sur les pages de résultats des moteurs de recherche. L'objectif du SEO est d'optimiser le contenu, la structure et les aspects techniques du site web afin qu'il soit mieux compris et classé par les algorithmes des moteurs de recherche.

Les outils IA peuvent aider à améliorer le SEO en fournissant des analyses plus précises et en temps réel, ainsi qu'en permettant une meilleure compréhension du comportement des utilisateurs. Par exemple, l'IA peut être utilisée pour analyser le comportement de navigation des utilisateurs et identifier les points de blocage ou les éléments de contenu qui ne sont pas pertinents pour eux. En utilisant ces données, les spécialistes du SEO peuvent optimiser le site web pour une meilleure expérience utilisateur et un meilleur classement dans les résultats de recherche.

Quels outils IA spécialisés en SEO :

- ☐ SEMrush. Une suite d'outils de marketing numérique qui inclut des fonctionnalités pour l'analyse des mots clés, la surveillance de la concurrence, l'optimisation des pages et le suivi des performances.

- ☐ Ahrefs. Un outil d'analyse de référencement qui aide à explorer les liens entrants, les mots clés et les stratégies de contenu de la concurrence pour améliorer les performances SEO.

- ☐ Moz. Un outil de référencement qui offre des fonctionnalités d'analyse de site web, d'audit de contenu et de surveillance de la concurrence pour améliorer la visibilité et le classement dans les résultats de recherche.

- ☐ Google Analytics. Un outil d'analyse de site web qui fournit des informations sur le trafic, les sources de trafic et le comportement des utilisateurs pour aider à optimiser le site web pour une meilleure expérience utilisateur et un meilleur classement dans les résultats de recherche.

Sécurité

La sécurité des utilisateurs d'outils IA est aujourd'hui une préoccupation majeure pour les entreprises et les gouvernements. Les outils d'IA peuvent être utilisés pour des activités malveillantes telles que la surveillance, la fraude et le vol de données. Cependant, l'IA peut également être utilisée pour renforcer la sécurité en détectant les menaces et en prévenant les attaques avant qu'elles ne se produisent. La sécurité des utilisateurs d'outils IA peut être garantie en suivant les meilleures pratiques de sécurité et en utilisant des outils de sécurité avancés tels que la détection d'anomalies et la surveillance des menaces

L'agent conversationnel ChatGPT serait conçu pour respecter la protection des données. Les conversations que l'utilisateur a avec ChatGPT sont anonymes et ne sont pas enregistrées ou stockées à des fins de surveillance ou de marketing. Cependant, si cet utilisateur partage des informations personnelles sensibles, comme son nom complet, son adresse ou des informations financières, ChatGPT n'est pas capable de garantir la sécurité de ces informations.

Séries TV

Plusieurs séries TV mettent en scène l'intelligence artificielle dans un rôle important. Quelques exemples :

- ☐ *Person of Interest*. Cette série américaine de science-fiction suit un ancien agent de la CIA qui s'associe avec une intelligence artificielle créée par lui-même pour empêcher des crimes avant qu'ils ne se produisent.

- ☐ *Westworld*. Cette série de science-fiction d'HBO inspirée du film éponyme se déroule dans un parc d'attractions futuriste peuplé d'**androïdes** avancés. L'intrigue se concentre sur les interactions entre les androïdes et les humains.

- ☐ *Black Mirror*. Cette série britannique d'anthologie explore les implications de la technologie sur la société, avec plusieurs épisodes qui mettent en scène des intelligences artificielles.

- ☐ *Humans*. Cette série britannique se déroule dans un monde où les **robots** domestiques dotés d'intelligence artificielle sont courants, et suit les interactions entre les robots et les humains.

- ☐ *Altered Carbon*. Cette série de science-fiction de Netflix se déroule dans un monde où la conscience humaine peut être stockée sur des disques et téléchargée dans des corps différents. L'intrigue tourne autour d'un ancien soldat qui est ressuscité pour enquêter sur un meurtre.

Slogans

Des outils d'IA comme Zyro et AdCreative.ai peuvent soutenir la création de slogans publicitaires ou politiques.

Ces outils ne remplacent pas complètement la créativité humaine. Les slogans créés par l'IA peuvent être utiles pour générer des idées et inspirer les créateurs de contenu, mais ils ne sont pas toujours pertinents ou adaptés à la marque ou au message à transmettre.

Sous-titrage

Des outils IA peuvent faciliter le sous-titrage de **vidéos,** de films et d'émissions de télévision. Ces outils sont souvent basés sur des algorithmes de **reconnaissance de la parole** qui transcrivent automatiquement les dialogues en texte, permettant ainsi de générer des sous-titres. Quelques outils : YouTube, Amara, Otter.ai, Kapwing.

Les outils IA ne sont pas toujours fiables à 100 % et peuvent parfois produire des erreurs dans la transcription. Il est donc recommandé de relire et de corriger manuellement les sous-titres générés automatiquement pour garantir leur exactitude. L'utilisation de l'IA pour le sous-titrage est aujourd'hui une menace pour l'embauche et l'emploi des professionnels du secteur qui, eux, garantissent, la qualité et la précision des sous-titres.

Spamming

Le *spamming* fait référence à l'envoi massif de courriers électroniques non sollicités, le plus souvent à des fins publicitaires.

Les outils IA peuvent être utilisés à des fins malveillantes, par exemple pour créer des systèmes de génération automatique de contenus ou des robots de messagerie automatisés, qui produisent et envoient des messages indésirables à grande échelle.

A l'inverse, des logiciels anti-spam utilisent des techniques d'**apprentissage automatique** pour filtrer les e-mails indésirables

Stable Division

Stable Diffusion est une IA *open-source* de création et de génération d'**images**. Cet outil permet de générer des photos ou des dessins en lui donnant une simple phrase (***prompt)*** en entrée.

Pour utiliser Stable Diffusion, on peut soit utiliser les générateurs en ligne, soit l'utiliser via Google Colab, soit l'installer sur son ordinateur (il faut alors installer les dépendances nécessaires et télécharger le modèle de l'IA à partir du dépôt Github et, ensuite, exécuter le script Python fourni avec le modèle pour générer des images à partir de *prompts*).

Stéréotypes

Les générateurs IA d'images ont été accusés de véhiculer des stéréotypes dans les représentations des hommes et des femmes.

Les générateurs IA, tels que les réseaux génératifs antagonistes utilisés pour créer des images réalistes, apprennent à partir de grandes quantités de données d'entraînement, qui peuvent contenir des biais et des stéréotypes présents dans la société. Si les données d'entraînement contiennent des représentations déséquilibrées ou biaisées des hommes et des femmes, les générateurs d'IA peuvent reproduire ces schémas lors de la génération d'images. Par exemple, les générateurs peuvent produire des images d'hommes et de femmes conformes aux normes de beauté ou aux rôles de genre stéréotypés, renforçant les stéréotypes existants et perpétuant les inégalités de genre. Ces **biais** ont été constatés dans diverses applications IA, telles que la génération d'**avatars**, les outils de retouche d'images et les applications de **reconnaissance faciale**.

La communauté de la recherche et les entreprises travaillent sur des moyens d'atténuer ces biais et de promouvoir la diversité et l'inclusion dans les systèmes d'IA. Des efforts sont déployés pour collecter des ensembles de données plus équilibrés, appliquer des techniques de débiaisement lors de l'entraînement des modèles et encourager une évaluation et une surveillance rigoureuses des systèmes d'IA afin de réduire les biais indésirables.

Stochastiques (processus)

Les processus stochastiques sont des modèles mathématiques utilisés pour étudier des phénomènes aléatoires qui évoluent dans le temps. Ils sont largement utilisés dans de nombreux domaines, notamment en physique, en finance, en ingénierie, en biologie, en écologie et en science des données.

Dans le domaine de l'IA, les processus stochastiques sont utilisés pour modéliser des systèmes complexes, tels que les réseaux de neurones, les processus de décision markoviens (MDP), de Poisson, gaussiens, de Dirichlet, de Lévy, et d'autres encore.

Les processus stochastiques sont particulièrement utiles en IA pour modéliser les incertitudes et les variations dans les données et les systèmes, ainsi que pour effectuer des prédictions probabilistes. Ils sont également utilisés pour l'apprentissage en ligne, la planification sous incertitude, la prise de décision et l'optimisation de systèmes complexes.

Plusieurs **algorithmes d'apprentissage automatiqu**e utilisent des processus stochastiques pour résoudre des problèmes d'optimisation, de classification, de régression, de *clustering*, de génération de données et de reconnaissance de formes. Les processus stochastiques permettent aux modèles d'IA d'être plus flexibles, adaptatifs et robustes aux incertitudes et aux variations des données.

Les modèles de langage sont parfois qualifiés de "perroquets stochastiques" (*stochastic parrots*) puisque ces LLM se "contentent" de créer des textes en fonction de probabilités de retrouver des groupes de mots dans les données d'entraînement.

Stress

L'utilisation constante des technologies de l'information et de la communication (TIC), y compris les IA, peut entraîner une hyperconnexion et potentiellement contribuer au stress chronique. Le stress lié à l'hyperconnexion est davantage associé à la surcharge d'informations, à la pression sociale et à la dépendance aux appareils technologiques, plutôt qu'aux IA spécifiquement.

Le travail est l'une des principales sources de stress, et certains aspects du travail peuvent être liés à l'utilisation ou à l'interaction avec les IA. Par exemple, des facteurs tels que l'intensité et la pression liées aux tâches effectuées avec l'aide des IA peuvent contribuer au stress professionnel.

Style

Des outils IA, des générateurs de texte ou des correcteurs de style, permettent d'améliorer le style d'un texte. Ils utilisent des **algorithmes d'apprentissage automatique** pour analyser des textes existants et identifier les caractéristiques du style d'écriture qui les rendent efficaces et convaincants.

En utilisant ces caractéristiques, les générateurs de texte peuvent produire de nouveaux textes avec un style amélioré, en utilisant des phrases plus fluides, des mots plus précis et une syntaxe plus appropriée. Les correcteurs de style peuvent également détecter et corriger les erreurs de grammaire, d'orthographe et de ponctuation dans un texte.

Ces outils peuvent être utiles pour les écrivains et autres auteurs (journalistes, *copywriters*) qui cherchent à améliorer la qualité de leur travail, ainsi que pour les étudiants et les apprenants de langue étrangère qui cherchent à améliorer leur écriture. Cependant, ces systèmes sont encore en développement et ne sont pas parfaits. Il reste préférable de faire relire son travail par un être humain pour s'assurer qu'il est de haute qualité et bien adapté à son public cible.

Synthèse

Cf. **Résumé**.

Un outil comme **Bing Chat** permet de synthétiser les contenus de plusieurs adresses web. L'utilisateur gagne ainsi du temps en évitant de chercher les informations sur plusieurs sites différents. Il peut également avoir une vue d'ensemble des informations disponibles sur le sujet recherché. Les informations peuvent ainsi être comparées et synthétisées pour en faire ressortir les points clés.

Systèmes de recommandation

Cf. **Recommandation (Systèmes de)**.

Systèmes de traitement de données

Cf. Données (Systèmes de traitement de).

T

Text-to

Les familles d'outils IA générateurs de contenus à partir d'un texte sont reprises sous la formule text-to. Quelques familles de ces outils de conversion de texte :

☐ Text-to-Audio. Conversion du texte en audio en utilisant des techniques de synthèse vocale. Les systèmes de synthèse vocale basés sur l'IA sont capables de générer des voix naturelles à partir de texte.

☐ Text-to-Code. Génération du code à partir de descriptions textuelles ou de spécifications. Des modèles d'apprentissage automatique tels que les réseaux neuronaux peuvent être entraînés à comprendre des exemples de texte et à générer du code correspondant.

☐ Text-to-CSV, Text-to-JSON, Text-to-HTML, Text-to-LaTeX, Text-to-Markdown, etc. Traitement et analyse du texte afin de le structurer et de le convertir en différents formats de données tels que CSV (Comma-Separated Values), JSON (JavaScript Object Notation), HTML (Hypertext Markup Language), LaTeX (pour la composition de documents scientifiques), Markdown (un format de texte léger), etc.

☐ Text-to-Emoji. Analyse du texte et détection des émotions, des sentiments ou des intentions, puis générer des émojis appropriés en réponse. Les modèles d'apprentissage automatique peuvent être entraînés à comprendre le langage humain et à associer des émojis aux différentes expressions linguistiques.

☐ Text-to-URL. Analyse du texte et génération des URL pertinentes en fonction du contenu. Par exemple, en analysant un texte descriptif, l'IA peut générer une URL qui résume le sujet ou le contenu du texte.

- ☐ Text-to-Image et Text-to-Video. Génération d'images ou de vidéos à partir de descriptions textuelles. Les modèles d'apprentissage automatique, tels que les réseaux neuronaux génératifs (GAN), peuvent apprendre à convertir des textes en images ou en séquences vidéo réalistes.

- ☐ Text-to-Presentation. Génération de présentations à partir de contenus textuels en extrayant les points clés et en les organisant visuellement.

- ☐ Text-to-Speech. Utilisation dans les systèmes de synthèse vocale pour convertir du texte en discours. Les modèles de synthèse vocale basés sur l'IA peuvent générer des voix humaines réalistes à partir de texte.

Dans toutes ces applications, l'utilisation de l'IA permet d'automatiser des tâches complexes de traitement du langage naturel et de générer des sorties adaptées aux besoins spécifiques des utilisateurs.

Texte (Génération de)

La génération de texte est un sous-domaine du **traitement du langage naturel**. Les outils de génération de texte utilisent des algorithmes d'apprentissage automatique pour apprendre à partir de données textuelles existantes et générer des textes en **langage naturel**. Ces outils peuvent être utilisés pour générer des résumés de texte, des descriptions de produits, des articles de blog et plus encore. Parmi les générateurs de texte, **Jasper** IA est souvent mis en avant.

Les outils de génération de texte présentent plusieurs avantages. Ils peuvent accélérer le processus de rédaction et générer facilement du contenu répétitif, tel que des descriptions de produits ou même des méta-descriptions - sans duplicata. Ils peuvent également traduire aisément du contenu en plusieurs langues pour toucher un public plus large et rédiger rapidement des textes performants pour la vente. Ces outils peuvent également aider à éviter le redoutable syndrome de la page blanche,

Les outils de génération de texte ont également des inconvénients. Les outils gratuits sont moins performants que les outils payants et offrent également moins de fonctionnalités. Ils ne permettent pas de générer un contenu original et unique.

Texte (Synthèse de)

La synthèse de texte consiste à rédiger un texte succinct comprenant une introduction, un développement et une conclusion à partir d'une documentation sur un thème précisé dans l'énoncé du sujet.

Il faut éliminer les difficultés de vocabulaire, dégager le thème général, les idées directrices et le plan détaillé du texte. Il faut également confronter les idées principales des différents documents et les exprimer dans un style personnel, sans répétition ni citation. Ou encore appuyer les idées sur des exemples et arguments percutants issus du texte, et supprimer les marques de l'oralité.

Textes IA

Pour détecter les textes générés par des IA, les chercheurs ont commencé à utiliser des approches basées sur l'**apprentissage automatique**. Les modèles de détection peuvent être entraînés sur des données de texte générées par des IA pour identifier les caractéristiques uniques de ce type de texte.

Des outils en ligne peuvent aider à détecter le contenu généré par une IA tels que Grover, Detect GPT-3 + ChatGPT, Copyleaks. Ces outils utilisent des algorithmes de **traitement du langage naturel** et d'**apprentissage profond** pour analyser le texte fourni et détecter le texte généré par une IA.

Traduction

L'intelligence artificielle a un impact significatif sur le domaine de la traduction :

- ☐ Rapidité et volumétrie. L'IA permet d'effectuer des traductions à grande vitesse, même pour des volumes importants de textes. Les logiciels de traduction basés sur l'IA peuvent traiter rapidement de grandes quantités de contenu, ce qui est particulièrement utile dans des contextes où la rapidité est primordiale.

- ☐ Précision et amélioration continue. Les systèmes de traduction basés sur l'IA, notamment ceux utilisant l'**apprentissage automatique**, ont la capacité de s'auto-corriger et de s'améliorer avec le temps. Grâce à l'analyse de grandes quantités de données et à l'adaptation aux retours d'expérience, ces systèmes peuvent fournir des traductions de plus en plus précises et pointues.

- ☐ Assistance aux traducteurs humains. Plutôt que de remplacer complètement les traducteurs humains, l'IA les assiste dans leur travail. Les outils de traduction assistée par ordinateur (TAO) utilisant l'IA peuvent proposer des suggestions de traduction, des mémoires de traduction et des glossaires pour faciliter le travail du traducteur et améliorer sa productivité

- ☐ Réduction des coûts. L'utilisation de l'IA dans la traduction peut contribuer à réduire les coûts pour les entreprises. En automatisant une partie du processus de traduction, notamment pour les tâches répétitives ou moins complexes, les entreprises peuvent économiser sur les ressources nécessaires à la traduction humaine[5].

☐ Développement de nouvelles expériences de traduction. L'IA ouvre la voie à de nouvelles expériences de traduction, telles que la traduction en temps réel ou la traduction multimodale. Ces avancées technologiques permettent d'améliorer l'accessibilité linguistique et de faciliter les échanges internationaux.

Transcription

Plusieurs outils IA permettent de transcrire une conférence en texte en temps réel ou de manière différée. Quelques exemples :

☐ Logiciels de reconnaissance vocale. Ces logiciels (Dragon NaturallySpeaking, Google Speech-to-Text, Apple Dictation, Windows Speech Recognition).utilisent l'IA pour transcrire automatiquement la parole en texte. Ils peuvent être intégrés à des applications de traitement de texte ou de prise de notes, ou être utilisés en ligne.

☐ Applications de prise de notes intelligentes. Ces applications (Notability, OneNote, Evernote, Otter.ai, Speechmatics) utilisent l'IA pour transcrire la parole, mais peuvent également offrir des fonctionnalités supplémentaires, telles que la reconnaissance de visages et la prise de notes basée sur les diapositives présentées.

☐ Systèmes de transcription automatique. Ces systèmes (Temi, Rev, Trint, Sonix, Happy Scribe) utilisent l'IA pour transcrire automatiquement une vidéo ou un enregistrement audio en texte. Ils sont souvent utilisés dans des applications de dictée ou de sous-titrage.

☐ Services de transcription en ligne. Ces services (GoTranscript, TranscriptionStar, GMR Transcription, Scribie, TranscribeMe) permettent de soumettre une vidéo ou un enregistrement audio à des professionnels de la transcription qui utilisent l'IA pour faciliter la transcription. Ils peuvent être utiles pour des conférences avec des accents ou des termes techniques spécifiques.

La qualité de la transcription dépendra de la qualité de l'audio, de la clarté de la parole et de la précision de l'outil d'IA utilisé.

Transhumanisme

Le transhumanisme est un courant de pensée laïc qui cherche à améliorer la condition humaine et à accélérer l'évolution de la vie intelligente grâce à la science. Les transhumanistes considèrent en effet la mort, le vieillissement et la souffrance comme des tares que les nouvelles technologies peuvent enrayer. Intelligence artificielle et transhumanisme sont liés car les transhumanistes croient que l'intelligence artificielle peut être utilisée pour améliorer les capacités humaines et créer des êtres humains artificiels plus intelligents et plus forts. L'utilisation de l'intelligence artificielle dans le transhumanisme pourrait inquiéter car susceptible de conduire à une perte de contrôle sur les machines et à une perte de liberté pour les êtres humains.

Travail (marché du)

L'IA a le potentiel de changer le marché du travail de plusieurs façons. D'une part, l'IA et l'automatisation pourraient conduire à l'élimination de certains emplois qui sont répétitifs ou qui peuvent être effectués plus efficacement par des machines. D'autre part, l'IA peut également créer de nouveaux emplois, tels que dans des domaines tels que le développement, la maintenance et la gestion de l'IA

Turing (Alan)

Alan Turing (1912-1954) était un mathématicien et informaticien britannique reconnu pour ses contributions majeures à l'informatique et à la théorie de la computation. Il a joué un rôle crucial dans le développement des fondements de l'intelligence artificielle (IA).

Turing est connu pour avoir formulé le concept de la "machine de Turing" dans les années 1930, un modèle théorique qui définit les principes fondamentaux des ordinateurs modernes. La machine de Turing a posé les bases de la programmation et de la computation universelle. Elle a également permis de démontrer qu'il existe des problèmes mathématiques indécidables, c'est-à-dire pour lesquels aucune machine de Turing ne peut trouver une réponse en un temps fini.

En 1950, Turing a publié un article intitulé *Computing Machinery and Intelligence*, dans lequel il a présenté le désormais célèbre **test de Turing**. Ce test a été une contribution majeure dans le domaine de l'IA et a stimulé des recherches sur la création de machines capables de simuler l'intelligence humaine.

Les travaux de Turing sur la machine de Turing et le test de Turing ont jeté les bases théoriques de l'IA moderne. Ses idées ont ouvert la voie à de nombreux développements dans le domaine de l'IA et continuent d'influencer les recherches et les avancées actuelles dans ce domaine.

Turing (test)

Le test de **Turing** est une proposition de test d'intelligence artificielle fondée sur la faculté d'une machine à imiter la conversation humaine. Il consiste à mettre un humain en confrontation verbale à l'aveugle avec un ordinateur et un autre humain. Le but est de déterminer si l'ordinateur peut être capable de réfléchir comme un être humain. Le test de Turing étendu évalue les performances textuelles, visuelles et auditives de l'IA et les compare aux résultats générés par l'homme.

U

Utilisateurs

Interrogés, ChatGPT et Bing Chat reconnaissent qu'aucune source fiable ne fournit de chiffres précis sur le nombre d'utilisateurs des outils IA spécifiques tels que **ChatGPT**, **Bing Chat**, **Google Bard**, **Dall-e** et **Midjourney**.

Pour ChatGPT lancé en novembre 2022, en tout début d'année 2023, le site Tooltester évaluait le nombre d'utilisateurs actifs à environ 62 millions d'utilisateurs actifs (dont 15% en provenance des Etats-Unis) tandis qu'à la même période circulait le nombre de 100 millions d'utilisateurs actifs. En mars 2023, le nombre de comptes utilisateurs aurait presque doublé pour atteindre 200 millions.

V

Vidéo

Des outils IA de *text-to-video* comme **Lumen5** permettent de générer des vidéos à partir de texte.

Vie privée

L'IA peut menacer la vie privée des utilisateurs en collectant et en analysant des données personnelles sans le consentement de l'utilisateur.

Les systèmes d'IA peuvent être utilisés pour la surveillance de masse, la **reconnaissance faciale** et la collecte de données en ligne. L'IA pourrait porter atteinte au droit de rassemblement, puisqu'elle peut être utilisée pour localiser et profiler les individus liés à certaines croyances ou comportements.

Ces données collectées peuvent être utilisées pour profiler ou traquer des personnes en ligne. L'IA peut également combiner différentes données afin de créer une nouvelle donnée sur une personne et donner un aperçu de sa vie privée.

En France, la CNIL (Commission nationale de l'informatique et des libertés) a publié un ensemble de ressources dédiées à l'IA liées à la protection de la vie privée et d'accompagner les professionnels dans leur mise en conformité. Elle invite chacun à contribuer à ces travaux, qui ont vocation à être encore enrichis.

Vision par ordinateur

La vision par ordinateur ou *computer vision* est un domaine de l'intelligence artificielle qui, en utilisant le ***deep learning***, permet aux ordinateurs et aux systèmes d'extraire des informations significatives à partir de données numériques telles qu'images, vidéos et d'autres entrées visuelles, et de prendre des mesures ou de faire des recommandations sur la base de ces informations.

Visualisation de données

La visualisation de données (*data visualization* ou *dataviz*) consiste à représenter graphiquement des informations et des données de manière claire et accessible. Elle permet de faire apparaître des tendances, des relations, des valeurs, à l'aide de graphiques, d'infographies, de diagrammes ou de cartes. L'objectif principal de la visualisation de données est de communiquer efficacement des informations aux lecteurs, en rendant les données compréhensibles d'un seul coup d'œil. Cette pratique est essentielle pour interpréter et analyser de grandes quantités de données

Quelques outils IA pour la visualisation de données :

☐ Tableau. Ce célèbre outil de visualisation de données permet de transformer des données en visualisations efficaces (diagrammes, graphiques et même cartes). Cette plateforme d'analyse est considérée comme très puissante, sécurisée et flexible.

☐ IBM Watson Analytics. Cet outil de visualisation de données utilise l'IA pour aider les utilisateurs à comprendre leurs données et à prendre des décisions plus éclairées. Il permet également aux utilisateurs de créer des visualisations interactives et des tableaux de bord personnalisés.

☐ Create ML by Apple. Cet outil d'apprentissage automatique permet aux utilisateurs de créer des modèles d'apprentissage automatique personnalisés pour la visualisation de données sans avoir besoin de coder.

Voix (reconnaissance de la)

Cf. **Reconnaissance de la voix.**

Voyage

L'intelligence artificielle permet de faciliter les réservations de voyages en ligne et de personnaliser les offres avec des **recommandations** tenant compte des préférences des clients. Les *chatbot*s sont également utilisés pour aider les clients à planifier leur voyage et à répondre à leurs questions. L'IA a donc aujourd'hui un impact important sur l'industrie du voyage et du tourisme.

Vulnérabilité

Dans le domaine de la sécurité informatique, une vulnérabilité est une faiblesse dans un système informatique permettant à un attaquant de porter atteinte à l'intégrité de ce système, c'est-à-dire à son fonctionnement normal, à la confidentialité et l'intégrité des données. Les vulnérabilités peuvent être exploitées par des cybercriminels pour pénétrer dans des systèmes ou des réseaux et voler des données, saboter, lancer une attaque par *ransomware* ou même à des fins d'espionnage.

La détection des vulnérabilités avec l'IA est un processus qui utilise des algorithmes d'apprentissage automatique pour identifier les vulnérabilités dans les systèmes informatiques. Ces algorithmes d'apprentissage automatique sont capables de détecter des modèles de comportement et d'identifier les vulnérabilités au niveau personnel. Les algorithmes peuvent également être utilisés pour prédire les vulnérabilités futures en analysant les tendances et les modèles de comportement.

W

Web sémantique

Le web sémantique est une extension du *World Wide Web* qui permet de donner un sens aux données et aux informations présentes sur le web. Il repose sur une vision où les machines peuvent comprendre et interpréter les informations sur le web, au-delà de leur simple présentation graphique ou textuelle.

Pour ce faire, le web sémantique utilise des langages de description formelle tels que *RDF* (*Resource Description Framework*), *OWL* (*Web Ontology Language*) et *SPARQL* (*Protocole et Langage de Requête RDF*). Ces langages permettent de décrire les ressources du web, les relations entre elles et leur contexte d'utilisation.

Le web sémantique est lié à l'intelligence artificielle car il permet de structurer les données du web de manière à ce qu'elles soient accessibles et compréhensibles par les machines. Ainsi, les technologies d'intelligence artificielle peuvent utiliser ces données structurées pour effectuer des tâches telles que la recherche sémantique, la classification de documents, la recommandation de produits, la compréhension de textes et la prise de décision.

Woke

Le terme *woke* fait référence à un état d'éveil. Est qualifiée de *woke* une personne sensible aux injustices sociales et aux iniquités raciales. Les conservateurs américains ont accusé **ChatGPT** de partialité de gauche et d'être *woke* après la publication d'un article dans le National Review.

Pour **Bing**, *les outils d'IA sont des programmes informatiques qui sont conçus pour* *effectuer des tâches spécifiques. Ils ne sont pas conscients d'eux-mêmes et ne peuvent pas avoir de points de vue ou de croyances.*

X

XAI

Le XAI (*Explainable AI*) se réfère à l'intelligence artificielle explicable. Il s'agit d'un ensemble de principes, de processus et de méthodes visant à rendre les systèmes d'intelligence artificielle compréhensibles et explicables pour les utilisateurs et les développeurs.

Les modèles d'IA modernes, en particulier les réseaux de neurones profonds, peuvent souvent atteindre des performances remarquables dans diverses tâches, mais ils peuvent également être très opaques et difficiles à interpréter. D'où d'éventuels problèmes pour la prise de décision dans des domaines tels que la médecine, la finance ou la justice, où la transparence et l'explicabilité sont essentielles.

L'IA explicable vise donc à résoudre le problème de l'opacité et de l'inexplicabilité souvent associées aux modèles d'IA et d'**apprentissage machine**. Elle permet de comprendre comment les systèmes d'IA prennent leurs décisions et génèrent des résultats, ce qui peut renforcer la confiance des utilisateurs et des opérateurs dans ces systèmes. Les principes de base de la XAI sont les suivants :

- [ ] Explication. Les systèmes d'IA fournissent des preuves ou des motifs qui accompagnent les résultats générés.
- [ ] Compréhensibilité. Les systèmes d'IA fournissent des explications que les utilisateurs peuvent comprendre.
- [ ] Précision des explications. Les explications fournies par les systèmes d'IA doivent être précises et cohérentes avec les résultats obtenus.
- [ ] Adaptabilité. Les systèmes d'IA doivent être capables d'adapter leurs

explications en fonction des besoins et des contextes spécifiques. L'IA explicable joue un rôle crucial dans divers domaines, tels que la confiance dans les systèmes automatisés, la gouvernance des algorithmes, la réduction des risques et l'amélioration de la prise de décisions.

Z

Zététique

La zététique est une démarche intellectuelle qui vise à développer l'esprit critique et à lutter contre les croyances irrationnelles et les pseudo-sciences. Elle peut s'appliquer à l'intelligence artificielle en tant que discipline scientifique et technique qui vise à créer des machines capables de réaliser des tâches qui nécessitent normalement l'intelligence humaine.

L'application de la zététique à l'intelligence artificielle peut aider à identifier les **biais** dans les données utilisées pour entraîner les modèles d'IA et à éviter que ces biais ne soient reproduits par les modèles. La zététique peut également aider à identifier les **erreurs** de raisonnement dans la conception des systèmes d'IA et à éviter que ces erreurs ne se propagent dans les résultats produits par les systèmes.

À PROPOS DE L'AUTEUR

Philippe Allard, l'auteur de cet abécédaire sur l'intelligence artificielle, est un véritable touche-à-tout. Sa carrière a été marquée par une diversité d'expériences. Il a ainsi exercé en tant qu'assistant social, animateur dans des maisons de jeunes et des organisations de jeunesse, ainsi que dans le domaine de l'éducation populaire. Il a également été journaliste professionnel, attaché de cabinet ministériel, rédacteur en chef de magazines papier et en ligne, copywriter, blogueur, enseignant, conférencier, formateur, consultant en usages de l'Internet, créateur et gestionnaire de sites web municipaux, et responsable de la communication. Organisateur de festivals et salons dans les domaines du cinéma et du livre, de conférences et séminaires en Belgique et en Europe, il est également l'auteur d'ouvrages dans le domaine de l'IT.

Aujourd'hui, Philippe Allard est particulièrement fasciné par le domaine de l'intelligence artificielle. Sa préoccupation pour la vulgarisation l'a poussé à composer cet abécédaire, afin de rendre accessible cette thématique complexe et captivante… et qui soulève nombre de questions.

www.ingramcontent.com/pod-product-compliance
Lightning Source LLC
LaVergne TN
LVHW051657050326
832903LV00032B/3865